U0537946

公共政策分析

主編 成立
副主編 劉巧莉

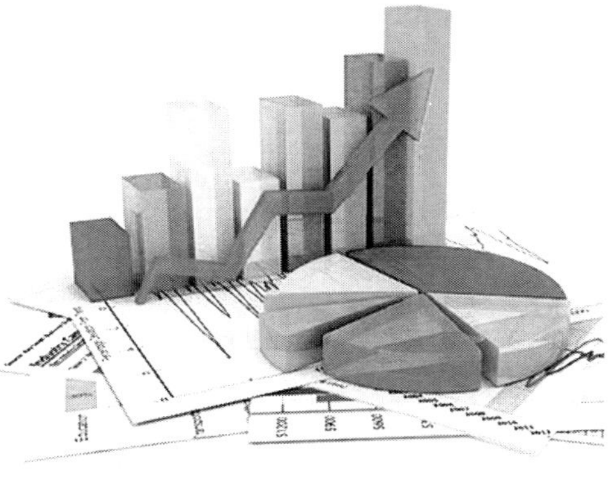

財經錢線

前 言

公共政策學是20世紀50年代在西方工業國家興起的一門新興學科。在六十多年的學科發展歷程中，由於運用範圍廣泛，對優化公共管理具有重要作用，加之受政治學、管理學、經濟學、社會學、倫理學等相關學科的綜合影響，公共政策學的發展取得了豐碩的研究成果，公共政策已經成為政府實施公共管理的主要工具之一。自20世紀80年代中國恢復建立公共行政學科以來，公共政策的研究得到了學術界的高度重視。在眾多專家、學者的辛勤努力下，其研究成果斐然。進入21世紀之後，隨著中國經濟社會的高速發展、依法治國的大力推進、民主政治的穩步發展，以及社會管理水平的不斷提高，迫切需要政府提高自身制定與執行公共政策的能力，從而對公共政策的研究與教學又提出了更高的要求。

本書總共由五個章節構成。首先在第一章，筆者從公共政策的本質、基本特徵以及構成要素等方面深入探討了公共政策的基本理論，同時也對公共政策分析這一術語做了闡釋，為本書後面章節的構成做了鋪墊。筆者將公共政策分析作為一個過程去解構，分別是公共政策的制定、執行、評估和終結。也是按照這個流程，展開了後面四個章節。在後面的四個章節中，先後是公共政策的制度分析、公共政策的執行分析、公共政策的評估分析以及最後的公共政策終結分析。以此構成了本書的整個完整框架。

在本書的編撰過程中，筆者參閱了大量的中外文獻，採用了許多中外學者的研究成果，在文中不能一一註出，在此一併致謝！同時，由於時間和能力的限制，書中難免會存在不足與错誤之處，歡迎廣大學界同仁和讀者批評指正！

目 錄

1 公共政策基本理論

1.1 公共政策的本質

1.1.1 公共政策的概念

我們說，任何一門學科都有其特定的研究對象，而公共政策學的研究對象就是公共政策。因此，不論是對公共政策進行理論探索還是進行實踐層面的研究，我們面臨的首要任務就是，思考並且弄明白公共政策的內涵。

1.1.1.1 政策

在中國古代漢語中，並沒有「政策」這個詞語，「政策」一詞，是由漢字中的兩個字「政」和「策」組合而成。前者指政權、政事，如人們常說的「不在其位，不謀其政」；後者指計策、策劃，如《戰國策》中的「策」，是說戰國時代各國發生政治事件時所採取的各種對策。

在現代漢語中，政策可以寬泛地指各類社團和組織為完成特定目標而採取的行動。關於「政策」的定義有很多，其中最具代表性的是《辭海》對「政策」的定義：「國家、政黨為實現一定歷史時期的路線和任務而規定的行動準則。」本書論述的「公共政策」就建立在這個定義之上。

1.1.1.2 中外學者對公共政策的界定

雖然公共政策的重要性已經為多數國家和地區認同，但眾多中外學者對其含義的認識和解釋卻有很大差別。因此，我們認為，有必要對這個基礎理論問題進行認真研討。

而在眾多的看法中，我們選出了以下幾種比較有代表性的界定：

公共行政學的鼻祖伍德羅・威爾遜認為，公共政策是由政治家，即具有立法權者制定的，而由行政人員執行的法律和法規。這個定義的合理之處在於，在現實生活中法律和法規是公共政策最主要的表現形式。不過它是建立在虛幻的政治與政治二分法基礎之上的，是非科學的，而且其範圍過於狹窄，無法涵蓋下列政策形式：政府首腦的指示報告、重要會議的決議、政府有關經濟社會發展的規劃等。

政策科學的創立者拉斯韋爾在其與卡普蘭合著的《權力與社會》一書中指出，公共政策是「一種含有目標、價值與策略的大型計劃」。這個定義突出了政策的目標指向及其與一般計劃的區別，帶有較濃厚的管理學意味。不過它過於籠統，因為政策不只限於計劃，而且計劃與實際行動也不可能相等同。

精英主義政治學家托馬斯·戴伊把公共政策界定為是「一個政府選擇要做的任何事，或者它選擇不去做的任何事」。這樣一來，公共政策就不僅包含了積極的行動，還包含了消極的不作為。於是，這個定義就有一定可取之處，因為它提醒我們注意到政府的作為與不作為一樣，都是在細緻分析問題及比較可選方案後做出的決定，都對現實生活發揮著重大影響。不過，這個定義沒有在政府的重要行動和一些無關緊要的行動之間做區分，事實上像政府的後勤管理、行政處罰等具體行為都不應當被當作政策。

中國學者張金馬認為，公共政策是黨和政府用以規範、引導有關機構團體和個人行動的準則或指南。其表現形式有法律規章、行政命令等。這個定義比較全面地指出了公共政策的表現形式，但沒有把公共政策的本質反應出來。

中國學者陳振明認為：「政策是國家機關、政黨以及其他政治團體在特定時期內，為實現和服務於一定的社會政治、經濟、文化目標而採取的政治行為或規定的行為準則，它是一系列謀略、法令、措施、辦法、方針、條例的總稱。」這個定義外延了政策主體，也強調了政策是行動準則。但它認為政策既是一種政治行為，又是一種行動準則。

1.1.1.3 正確把握公共政策的內涵

綜合上述國內外學者的各種觀點，我們可以從以下幾個方面來把握公共政策的內涵。

第一是公共政策的主體。公共政策的主體是多元的，具體包括政府的三個分支即立法機關、行政機關、司法機關，以及執政黨，它們做出的決定與企業、家庭、個人做出的決定在涉及內容及影響範圍等方面都有本質區別。

第二是公共政策的目標。任何公共政策的出抬都旨在解決某個社會問題或推動某項事業，因此它具有明確的任務和意圖。其所關注的是全社會和整個國家面臨的共同問題，其目標指向具有宏觀性和全局性，結果則是社會價值的一種權威性分配。當然，公共政策最終實現的是統治階級的利益。

第三是公共政策的過程。公共政策是主體服務於特定目標而採取的一系列活動，是一個持續進行中的過程，因此它是靜態與動態的結合，具體表現為政策方案的規劃、採納、執行、評估、調整和終結等環節。

第四是公共政策的形態。在實踐中公共政策通常表現為國家法律、法規、行政規章、經濟社會發展規劃、司法解釋、黨的路線方針、會議決議和文件等行為準則，它們規定和指導著社會公眾及各類組織應當做什麼和不應當做什麼，並制定了具體的獎懲措施。借助政策制定主體的權威性及國家機器的強制力，這些行為準則具有廣泛的約束力，並為政策對象所遵守，從而確保了正常社會秩序的維持。

綜合上面的討論與分析，針對中國具體的情況，我們認為：公共政策是執政黨和政府採取的用以規範、引導社會各類組織和公眾的行為準則和行動指南。

1.1.2 公共政策的本質

1.1.2.1 「利益」是公共政策的核心因素

我們認為，當今世界是一個利益分化的政治時代。無論在理論研究中，還是在社會實踐中，我們都能深深體會到自己身處利益重組和利益分化的進程之中。馬克思主義的辯證唯物主義和歷史唯物主義，亦對利益問題展開了深入分析，科學深刻地揭示了利益的本質內涵。所謂利益，是指處於不同生產關係、不同社會地位的人們由於對物的需要而形成的一種利害關係。

人的利益，首先起源於人的需要。需要是利益的主觀基礎，利益是需要的社會形態。人類的生產是實現利益的基本方式。人類要生存和發展，首先要滿足對衣食住行的需要。利益是人們企圖借助於生產來滿足的需要，要實現對需要的滿足，人類必須從事生產。隨著人類生產和生活的不斷發展，人們變得不僅需要物質對象，還需要精神對象，這就使得人們不僅要從事物質生產，還要從事精神生產。於是，在社會生產中，利益的實現基本有兩種途徑。由此可見，「利益」是公共政策的核心要素，公共政策是利益選擇、利益整合、利益分配和利益落實的主要工具。

1.1.2.2 公共政策對社會利益進行權威性分配

公共政策的本質是社會利益的集中反應。政策的形成過程，實際上是各種利益群體把自己的利益要求輸入政策制定系統中，由政策主體依據自身利益的需求，對複雜利益關係進行調整的過程，公共政策的制定與執行是社會各種利益衝突的集中反應。

政府常常利用公共政策，去保護、滿足一部分人的利益需求，同時抑制、削弱甚至打擊另一部分人的需求。通過政策作用去調整利益關係，在原有利益格局上形成新的利益結構。正是從這個意義上講，公共政策的本質應該是政府對社會利益的權威性分配。

1.1.2.3 公共政策需增進社會利益

分配利益是一個動態過程，在增進社會利益的前提下，分配的基礎是選擇利益和整合利益；分配的關鍵是利益落實。在社會利益中，由利益選擇到利益整合，由利益分配到利益落實，是一個完整的過程。公共政策的過程取向，應當與這種利益取向完全一致。

（1）利益選擇。政府對利益的分配，不是沒有目的、任意的。作為公共權力的佔有者，政府把利益分配給誰，首先要滿足其統治的需要。在階級社會裡，無論何種政府，它們所制定的公共政策，都必須滿足統治階級的利益要求。因此，政府要選擇那些與政府價值取向一致的社會群體作為分配對象，滿足他們的利益需要。根據馬克思的觀點，在無產階級掌握政權的國家，公共政策的制定和執行，要維護無產階級和廣大人民群眾的利益。

（2）利益整合。政府在向社會各成員分配利益時，除了要考慮社會整體利益和政府利益，還要考慮社會各成員之間的利益相關性。現實生活中，利益主體的利益是多元化的。為解決由錯綜複雜的利益關係所產生的矛盾，政策制定者要制定不同的政策，引導不同利益的組織和個人採取不同的行為，既反應社會大多數人的利益需求，又兼顧保護少數人的合法利益，進而調動人的積極因素，排除那些消極因素，把各種利益矛盾控製在較小範圍內，保證社會穩定和發展。

（3）利益分配。一方面，對不同的政策對象來說，公共政策所分配的利益，對一些人是直接的，對另一些人是間接的。比如，獲得減免稅的企業，是利益的直接獲得者，而與該企業產供銷相關的其他企業則是這一政策的間接獲益者。另一方面，利益分配的結果既能使部分人獲益，又能使部分人失去利益。比如，物價政策，有時會削弱生產者的利益，有時會抑制消費者的利益。

（4）利益落實。政策分配利益，滿足部分人的利益需求固然重要，但更重要的是這些利益群體能否實實在在地獲得應有的利益。這不僅是相關利益群體關心的事，更是政府應該關心的事。政府的政策主體地位，要求他們主動地把政策內容貫徹到實踐中去，產生應有的政策效果，即從本質上講，使分配的利益到位。

1.1.2.4　公共政策的本質

公共政策的本質是要解決利益的增進與分配問題，既包括物質利益，也包括精神利益。理解公共政策的本質，要突出以下內容：一是公共政策要實實在在地增進社會利益；二是公共政策要對全社會的利益進行分配；三是這種利益分配是基於多種利益關係的有選擇的利益分配；四是這種利益分配是通過整合各種利益矛盾後所進行的利益分配；五是這種利益分配是要在實踐中得到兌現的利益分配；六是公共政策要在增進社會利益中突出效率，在分配社會利益中突出公平。

1.2　公共政策基本特徵與主要功能

1.2.1　公共政策基本特徵

作為對社會利益進行分配的政策，要調整社會成員之間的利益關係，實現政府的目標。在不同的社會形態裡，公共政策的表現形式各異。在階級社會裡，它具有如下明顯的共同特徵：

1.2.1.1　政治性和階級性

公共政策是為實現政黨、政府的政治目的，由政治性組織制定的行動方案和行為準則。因此，公共政策具有鮮明的政治性。

公共政策是公共權力機構為解決某一社會問題而制定的行為規範，是政黨、政府政治行為的產物。政府是統治階級行使國家權力的核心工具。公共政策要符合統治階級維護和鞏固現行政治統治的需要，要體現統治階級的意志，反應統治階級的根本利益和共同願望。明顯的政治傾向和階級性，強烈地表現於每一項政策之中。因此，公共政策具有鮮明的階級性。

1.2.1.2　目標取向

公共政策是一種對一定政策目標如何實現所做的設計方案，而目標的設定，具有鮮明的價值取向、資源配置取向和利益分配取向。換言之，政策主體的意識形態、價值觀及其行為的目的性、行為的能力，都會通過政策目標的設定而得以體現。目標取向是公共政策的靈魂。

1.2.1.3 整體性與層次性

一方面，公共政策具有整體性。人們常講，政策要配套，是指由眾多數量、類型不一的政策組成政策體系，強化政策的整體功能。整體性不僅表現在政策的內容與形式上，而且還表現在政策過程中。一個理想的政策過程，基本包括了政策的制定、執行、評價和調整等多個環節，不同的環節之間相互聯繫，共同對政策的質量發生作用。政策體系的整體功能，還與政策環境密切相關。環境的變化，必然會引起政策過程諸環節的變化，同時也將導致政策及政策體系的變化。為保證政策機制的運行，需要注意政策內容、政策過程與環境之間的整體作用。

另一方面，公共政策具有層次性。政策作為政府行為的產出項，根據不同層次的政策主體，具有不同規格。按照權力主體劃分，包括中央政策和地方政策。從內容上看，政策體系中的各項政策，也有不同的層次關係，可劃分為總政策、基本政策、具體政策等。儘管不同政策間是相互聯繫的，但不同類型的政策之間並非是「平起平坐」的關係，而有主次之分。

1.2.1.4 超前性

儘管公共政策是針對現實問題提出的，但它們是對未來發展的一種安排與指南，必須具有預見性。任何政策都有明確的政策目標，先進的政策目標決定了政策應該是超前的。政策的超前性，不僅是保證政策穩定的必要條件，而且是合理分配社會利益的重要保證。但所謂的超前性，不是脫離實際的空想，而是建立在科學預測與對客觀事實發展規律充分認識基礎上的必然結果。

1.2.1.5 多樣性

公共政策的多樣性，源於政策的「公共」特徵。隨著社會生產力的不斷發展，社會事務日益增多，政府職能的發展趨勢日益豐富、複雜和擴大。那些在過去不太需要政府管理的問題，均被列入現代政府的管理範圍之內。在中國，由於受政治、經濟、歷史和文化等各種因素的影響，政府管理範圍相當廣泛，因而政策內容變得極其複雜與多樣。

1.2.1.6 合法性

政府行為是一種特殊的「法人行為」，體現政府行為的政策，本身就具有一定的法律性質。政策與法律之間存在著特殊關係，它們都共同體現並代表了統治階級的利益。但政策是法律的重要依據，法律是實行政策的最有效形式。法律比政策更條例化、固定化，而政策比法律具有一定的靈活性，所以政策是法律的前身。對一個逐步走向法制化的國家來說，政策的合法性極其重要的政治要求。它首先表現為內容不能與憲法、法律相抵觸；其次表現為程序上要嚴格合法。這充分體現了對法律的尊重，有利於民主政治的培育與發展。在一定條件下，政策與法律可以相互轉化。

1.2.2 公共政策類型劃分

對公共政策進行分類的目的在於幫助人們對其功能和意義的深入瞭解，因此，爭論哪一種分類方法更合理並沒有實際意義。我們在本書主要將公共政策從以下幾個方面進行了分類。按採取行動的時間和歸屬分為實質性政策與程序性政策；按功能作用分為分配性政策與再分配性政策；按政策觸及利益分配的類型分為物質性政策與象徵性政策；按受益人分為涉公政策與涉私政策。

1.2.2.1 實質性政策與程序性政策

實質性政策與政府將要採取的行動有關，比如修建高速公路、實施福利計劃等。實質性政策會直接給人們帶來利益或產生不便，並分配相關利益和支付必要成本。程序性政策涉及由誰採取行動或怎樣採取行動。因此，程序性有時並無實質性內容，僅僅是某些行政行為的一種規範。但它有可能產生實質性後果，因為它十分關心怎樣採取行動或由誰採取行動才有利於政策的兌現。

1.2.2.2 分配性政策與再分配性政策

分配性政策是當政策涉及相關群體的利益時，受益人是特定的群體，即該項公共政策只向一個或數個受益群體提供利益，而該利益的獲得並不使其他特定群體的利益受損。例如公共教育政策，農業價格補貼政策，政府對個別工程的支持等。再分配性政策涉及政府在社會各階層團體中對財富、收入、財產或權利的轉移性分配。這種政策涉及的不是財產的使用而是財產本身，不是平等的對待而是平等的擁有，不是行為而是人本身。因此，它涉及不同價值觀和意識形態。

1.2.2.3 物質性政策與象徵性政策

物質性政策是將有形的資源和實質性的權利給予受益人，或將真正的不利條件強加給那些受相反影響的人，比如確立最低工資標準、給農民提供收入補貼等。相比之下，象徵性政策對人們幾乎沒有真正的物質性影響。它們並不交付表面上似乎要交付的東西，也不分配有形的利益。更準確地說，這些政策多涉及人們所珍視的一些價值觀，比如和平理念、愛國主義、自由公平等。

1.2.2.4 涉公政策與涉私政策

涉公政策最重要的性質是非排他性，即沒有任何方法可以在向某些人提供此項服務的同時將其他人排除在外，也沒有其他方法可以計算哪些人比其他人從此項服務中得到了更多的收益。典型的例子比如國防、公共安全、環境保護、交通控製等。涉私政策是可拆分的，通過市場進行買賣，讓使用者和受益者付費可在單個的受益人上發生作用，如此一來，其他人就輕易地被排除在外。比如垃圾處理、郵政服務、醫療衛生、博物館、國家公園等。

1.2.3 公共政策主要功能

所謂公共政策的功能，就是公共政策在管理社會公共事務過程中所發揮的作用。

根據我們的理解，公共政策的基本功能有四個：管制功能、導向功能、調控功能與分配功能。

1.2.3.1 管制功能

為避免影響社會良性運行的不利因素出現，公共政策就要發揮對目標群體的約束和管制功能。這種功能通過政策的條文規定表現出來，通常有兩種途徑：①積極性管制。政策條文的規定突出正激勵原則，即對某種行為加以物質或精神方面的獎勵，以刺激這種行為重複出現的頻率，從而達到減少其反向行為的目的。②消極性管制。政策條文的規定突出負獎勵原則，即對某種行為加以物質或精神方面的懲戒，以抑制這種行為重複出現的可能，從而達到有效管制的目的。

1.2.3.2 導向功能

公共政策是針對社會利益關係中的矛盾所引發的社會問題而提出的。為解決某個政策問題，政府依據特定的目標，通過政策對人們的行為和事物的發展加以引導，使得政策具有導向性。具體地講，政策為社會的發展、人們的行為確定方向，能有效地使整個社會生活由複雜、多變、相互衝突、漫無目的的行為納入統一而明確的目標上來，使之按照既定方向有序前進。政策的導向，是行為的導向，也是觀念的導向。可以直接引導，也可以間接引導。從作用結果來看，公共政策的導向功能包括正向引導功能和負向引導功能。

1.2.3.3 調控功能

公共政策的調控功能是指政府運用政策手段對社會生活中出現的利益衝突進行調節和控製，主要體現在調控社會各種利益關係特別是物質利益關係方面。在社會生活中人們有著不同的利益需求，而且表現出階段性特徵，利益的差別使衝突不可避免。為了平衡這種矛盾，保持社會的穩定和經濟的發展，作為政府重要管理手段的公共政策需要承擔起調控社會利益關係的重任。同時，公共政策不僅需要指明人們應該做什麼和不應該做什麼，而且還需要指明人們應該先做什麼和後做什麼，並以此調控社會群體和個人的行為趨向，因此，公共政策的調控功能還常常表現出其特有的傾斜性。

1.2.3.4 分配功能

對社會公共利益進行分配是公共政策的本質特徵。每一項具體政策都會涉及「把利益分配給誰」這樣一個問題，換句話講，就是都要面臨一個「政策使誰受益」的問題。人的利益需要是不同的，而社會資源卻是有限的，因此，政策對利益的分配不可能同時滿足所有人的需要，往往是一部分人從中獲得了較多利益，另一部分人卻不能從中獲取利益或損失了原有的利益。政策的這種利益分配功能對社會的良性運行和穩定發展有著非常直接的影響。近年來，雖然我們一直強調公平分配的原則，但社會的利益矛盾仍突出表現在分配不公的問題上，而物質利益的分配不公，更是公眾矚目的焦點。那些不合理的分配政策如果得不到及時糾正，就可能激化社會的利益衝突，進而使物質利益上的矛盾轉化為政治利益上的矛盾。因此，公平分配的問題既是重要的理論問題，又是緊迫的現實問題。

1.3　公共政策系統構成要素

從系統分析的方法來看，公共政策的運行是以公共政策系統為基礎的。公共政策系統是政策研究的重要內容，是研究公共政策過程的前提。根據中國學者的觀點，公共政策系統由政策主體、政策客體和政策環境三要素組成。因此，接下來，我們將逐一對政策主體、政策客體、政策環境進行分析，更好地揭示公共政策系統的內涵。

1.3.1　公共政策主體

政策主體又稱政策活動者，它是指在政策的制定、執行、評估和監控過程中，直接或間接參與其中的個人、團體和組織。可以用以下兩條標準來界定政策主體：一是看其是否是政策的利益相關者，二是看其是否真正直接參與到政策的制定、執行、評估、監控直到終結的一系列過程中來。由於各國在政治體制、經濟發展和文化傳統等方面的差異，公共政策主體的構成要素及其作用方式也有所不同。接下來，我們將結合中國實際情況，從官方決策者和非官方參與者兩個方面對公共政策主體進行討論。

1.3.1.1　官方決策者

一般而言，官方決策者指廣義的政府，即立法機關、行政機關和司法機關。在現代政治體制中，這三大系統分別掌握著立法、行政和司法三種權力，各司其職，依據憲法賦予的權力制定各類公共政策，同時相互制約，保持三種權力之間的平衡。但在中國，執政黨在公共政策制定中有著極為重要的地位，所以，在中國，官方決策者包括立法機關、行政機關、司法機關和執政黨。

（1）立法機關。立法機關是公共政策主體最重要的構成要素之一，其主要職責是立法，即制定法律和政策。立法機關在西方主要指國會、議會、代表大會一類的國家權力機構，在中國則是指全國及地方各級人民代表大會及其常務委員會。由於政治體制的不同，各國的立法機關在公共政策過程中所扮演的角色、所起的作用不盡相同。根據中國憲法的相關規定，中華人民共和國的一切權力屬於人民，全國人民代表大會是最高國家權力機關，具有最高立法權、最高任免權、最高決策權、最高監督權。中國的立法權是統一的，不可分割的，並且只屬於全國人大及其常務委員會。中國雖然存在國務院、省級人大、民族自治地方人大和較大的市的人大的立法活動，但它們都沒有獨立的立法權，其立法工作都只是全國人大立法權的一部分。決定權的表現形式就是決議、決定、命令、條例等的制定與頒行，可以用來解決國家和地區內重大政策性問題和亟須解決的社會問題。

（2）行政機關。行政機關是貫徹執行國家的法律和政策，管理國家的內政、外交等行政事務的機關，它掌握國家行政權力，運用公共政策對社會公共事務進行管理，是立法機構所確立的國家意志的執行者。在西方國家，隨著行政權力的不斷擴張，行政機關在政策制定過程中的地位和作用越來越突出，出現了所謂的「行政國家」。中國國家行政機關是指國務院及其組成部分和地方各級人民政府，它們是國家權力機關的執行機關，行使國家行政權。國務院作為最高行政機關，統一領導全國地方各級國家行政機關的工作，規定中央和省、自治區、直轄市的國家行政機關的職權的具體劃分，以及其他能夠影響全國所有地方政府和居民的政策和措施。

（3）司法機關。司法機關作為政府的重要組成部分，也是重要的政策主體之一。當然，在不同政治體制的國家，司法機關對公共政策的決策力也有所不同。在西方，以美國為例，法院可以運用司法審查權和法令解釋權對公共政策的性質和內容產生重大影響。在中國，按照憲法規定，人民法院是司法審判機關，獨立行使審判權，人民檢察院是司法監督機關，獨立行使檢察權。行政機關、社會團體和個人無權干涉。但中國的國家司法權為全國人民代表大會賦予，因此司法機關不獨立於立法機關，只獨立於行政機關。從中國目前的實際情況來看，司法機關的作用更多地表現在政策執行與監督上面，並沒有真正成為政策制定的主體。

（4）中國共產黨。由於各國國情不同，政黨對公共政策的影響也不同。中國現行的政治體制是中國共產黨領導的議行合一體制。從制度規範層面來看，全國人民代表大會是最高權力機關，行使國家立法權；從政府運行過程來看，中國共產黨是中國政府系統的領導核心，掌握著政府運行過程，主導著公共政策的制定。這種主導作用首先體現在黨對國家的政治領導上，包括黨對政治原則、政治方向和重大政策的領導；然後體現在黨的組織領導上，黨主導著各級政府機關的人事任免，推舉共產黨員執掌國家各級機關的重要權力；同時，黨還確立自己的指導思想在國家意識形態中的主導地位，通過宣傳、教育和思想政治工作，宣傳黨的路線、方針、政策，實現思想上的領導。

1.3.1.2　非官方參與者

非官方參與者對政策制定過程的影響較為間接，不直接行使公共權力。它們作為體制外的力量，通過遊說官方決策者，施加壓力，從而影響公共政策過程。主要包括：利益集團、大眾傳媒、思想庫和公民個人。

（1）利益集團。利益集團是指因興趣或利益相同而聯繫在一起的人的組合。從公共政策分析來看，利益集團具有兩大特徵：一是有共同的利益和主張，二是影響公共政策的制定。

（2）大眾傳媒。大眾傳播媒介主要包括報紙、書籍、雜誌、電影、電視、廣播和網路等傳播工具。在現代社會，大眾傳媒是社會公眾獲取信息的主要來源，它對公共政策過程的作用主要體現在：一是傳播公共政策信息，實現政府與社會公眾的雙向溝通；二是引導社會輿論，影響公共政策議程的設置。

（3）思想庫。思想庫是由專業人員組成的跨學科、跨領域的綜合性政策研究與政策諮詢組織，它的出現有利於改善政策系統和環境、促進決策質量的提高。它以諮詢者的身分提供政策建議，對政策結果進行評估與總結，甚至直接為決策者推薦人才，傳送專家。

（4）公民個人。公民是最為廣泛的非官方政策主體。公民個人通過各種政治參與，影響和制約公共政策的制定與運行。

1.3.2 公共政策客體

公共政策客體是公共政策發生作用時所指向的對象，包括公共政策所要解決的社會問題和所要發生作用的社會成員（目標群體）兩個方面，其中社會問題是直接客體，目標群體是間接客體。公共政策客體是相對於政策主體而言的，它們構成了政策過程中的一對矛盾，對它們的劃分也只是相對意義上的。對於許多處於中間層次的人、團體和組織而言，它們（他們）往往充當了政策主體與政策客體的雙重角色。

1.3.2.1 公共政策的直接客體：社會問題

社會問題是指社會的實際狀態與社會期望之間的差距。這些差距或偏差往往會導致社會的緊張狀態。制定公共政策的目標，就是要克服、解決或消除這樣的差距。這裡的「社會」是指廣義的概念，即社會是政治、經濟、文化等領域的統一體。

在這裡，我們首先要區別社會問題、公共問題和公共政策問題。社會問題是外延最廣的概念，與私人問題相對。僅涉及某個人的期望與實際狀態之間的差距問題無疑是私人問題，當許多人的期望與實際狀態出現差距，問題就超出了私人的界限，從而演變為社會問題。而當問題超出了當事人範圍，影響波及非直接相關的群體，受到社會公眾普遍關注時，問題就轉換為公共問題。但在現代社會，政府所面臨的公共問題非常多，並不是所有的公共問題都能夠進入政府的議事日程，只有那些被政府擺上議事日程並加以處理的公共問題才是公共政策問題。

公共政策的制定便是沿著社會問題—公共問題—公共政策問題這條路線發展演化的。制定公共政策是為了解決社會問題，但在政府決策者看來，並非所有社會問題都是要政府解決的。有些問題可以通過民間渠道解決；有些問題過於複雜，政府暫時無力加以解決；有些問題已成為歷史，無解決的必要等。

1.3.2.2 公共政策的間接客體：目標群體

目標群體，是指那些受公共政策規範、管制、調節和制約的社會成員。

目標群體與公共政策主體之間相互作用、在一定條件下可以相互轉化。一方面，公共政策主體對公共政策問題的界定和解決問題的目標直接決定了目標群體的範圍和性質，但目標群體並不是消極被動的，他們具有能動性，對公共政策主體起著反作用。另一方面，目標群體與公共政策主體在地位上具有相對性，主體在某些情況下可以作為客體，而客體也可以作為主體而存在。比如，公民作為國家主權的擁有者，當他通過各種途徑參與到公共政策制定時，扮演著非官方參與者角色，而公民作為社會成員顯然又是公共政策的客體。

在公共政策制定與執行中，目標群體的態度對於公共政策能否達到其預期目標有著重要影響。一般來講，目標群體對於某項公共政策的態度有兩種：一是接受，二是不接受。而影響目標群體態度的因素有很多，接受的原因主要有政治社會化、政策合法化、成本利益衡量、顧全大局觀念、基於私利等；不接受的原因主要有價值觀念衝突、同輩團體的社會化、傳媒影響、追求眼前利益、政策本身不妥等。

1.3.3　公共政策環境

公共政策是環境的產物，受到自然與社會各種因素的影響。離開了公共政策得以生存的外部環境，就不可能對其進行研究和分析。據此，我們將對公共政策環境展開討論。

1.3.3.1　公共政策環境的內涵與特徵

公共政策環境是指影響公共政策產生、存在和發展的一切因素的總和，包括在公共政策系統以外的、影響和作用於公共政策過程的所有因素。

公共政策環境有三個主要特徵。一是高度複雜性。公共政策環境既有自然的，又有社會的；既有物質的、有形的，又有精神的、無形的；既有國內的，又有國際的。二是巨大差異性。上述複雜的環境因素本身就表明了其差異性的存在。三是歷史變異性。從社會歷史發展的角度看，公共政策環境總是處於不斷變化之中。

1.3.3.2　公共政策環境的構成因素

關於公共政策環境的構成問題，不同人有不同的觀點。我們認為，主要有經濟環境、政治環境、社會文化環境、國際環境。

（1）經濟環境。經濟環境是對公共政策系統有重要影響的各種經濟因素的總和。它包括生產力的性質、結構，生產資料所有制的形式、經濟結構、經濟制度、經濟體制、經濟總量等。不論何種性質的公共政策主體，其決策體制、決策目標、決策行為、決策原則、決策方法等都要受到經濟環境的制約。經濟環境是制定和執行公共政策的基本出發點；經濟環境提供了公共政策系統運行所必需的資源；經濟環境影響公共政策系統的經濟目標取向。

（2）政治環境。政治環境是指對公共政策系統具有重要影響的政治狀態，包括一個國家或地區的政治體制、政治結構、政治文化、政治關係等。政治環境決定著公共政策系統的性質；政治環境決定著公共政策系統的民主化程度；政治環境決定著公共政策的合法化程度。

（3）社會文化環境。社會文化環境是對公共政策系統具有重要影響的社會狀況和文化狀況，包括人口規模、性別與年齡比例、地區和民族分佈、社會道德風尚、國民受教育程度、科技人才儲備、專利數量等。社會文化環境影響公共政策系統運行所需的智力條件和公共政策系統運行的倫理和心理條件。

（4）國際環境。國際環境既包括全球範圍內政治、經濟、文化演變發展的一般趨勢、全球秩序及相應的規則，也包括了對一個國家或地區的生存與發展產生影響的，由國家間、國際組織間的競爭、合作與衝突而形成的具有一定穩定性的政治、經濟、文化關係。國際環境影響公共政策系統的價值選擇，影響公共政策系統的參照系選擇，影響公共政策系統的性質。

1.4 公共政策分析概述

1.4.1 公共政策分析的內涵

在得出我們的觀點之前，先來探討一下幾個具有代表性的意見。

美國蘭德公司的查爾斯・沃爾夫認為，公共政策分析是把科學理論方法應用於解決政策的選擇和實施問題，這些政策包括國內、國際以及國家安全事務等方面。這種看法似乎會給人帶來一種錯覺：政策分析僅僅是簡單的技術工作，它只需由部分人寫出研究報告並交付實施即可。

美國學者米切爾・懷特認為，人們很少能選定那些一勞永逸、自成一體、所有人都能領會的政策。政策分析的目的不是產生某種一錘定音的政策建議，而是要幫助人們產生對現實可能性和期望之間逐漸一致的認識，產生一種新型的社會相互關係與「社會心理」模式。這種模式使人們對政府的某項職能有了新的共同認識，其結果是使政治集團之間的活動或行為趨於一致，衝突逐漸減少。

政策科學的創始人之一、著名學者葉海卡・德羅爾認為，政策科學應包括基本政策、元政策、政策分析、實現戰略等內容。美國學者克朗根據德羅爾的構想，認為從方法論角度看，政策科學應包括五個基本範疇：政策戰略、政策分析、政策制定系統的改進、政策評估、政策科學的進展。

綜上所述，我們認為，公共政策分析是對政府為解決各類公共政策問題所採取的對政策的本質、產生原因及實施效果的研究。

1.4.2 公共政策分析的要素

公共政策分析是對政府政策的制定、實施與評價的分析，不同於一般的技術分析。我們認為公共政策分析的基本要素有：政策問題、政策目標、政策方案、政策模型、政策資源、政策評價標準、政策效果、政策環境和政策信息。

1.4.2.1 政策問題

某一公共政策能否順利提出，在一定程度上取決於人們是否對政策問題取得共識。政策問題是從大量社會問題中篩選出來的，如何篩選，誰參與篩選，其結果會大相徑庭。作為有選擇的社會問題，人們對它們所做的判斷是否準確，既取決於經驗知識，又取決於社會倫理道德與社會價值觀念。

1.4.2.2 政策目標

政策目標是政策所希望取得的結果或完成的任務。確定解決問題的目標，是政策分析的前提和中心任務。如果沒有政策目標，就無法確定政策方案。如果目標不明確，會使政策出現偏差。界定了政策問題，並不等於確定了政策目標，因為問題中確認的東西還很抽象，往往抓不住問題的要害。所以要明確目標，具體落實。

1.4.2.3 政策方案

為實現某一目標，可採用多種手段或措施，它們統稱為備選方案。擬訂可供選擇的各種備選方案，也是政策分析的基礎。由於好與壞、優與劣都是在對比中體現的，所以需要擬訂出一定數量的可行方案進行對比選擇。無選擇的政策方案不行，有了可供選擇的方案而不會選擇也不行。為保證備選方案的擬訂、設計和選擇，人們十分重視政策方案的科學預測。預測結果如何，取決於經驗、資料與其他信息，以及預測技術等。

1.4.2.4 政策模型

按照系統分析的觀點，模型是對研究對象和過程某一方面的本質屬性所進行的一種抽象描述。它可以將複雜問題變為易於處理的簡單模式，不受現實中非本質因素的約束，易於理解、操作、模擬與優化。模型是由變量與關係組成的。變量反應隨時間和其他條件變化的數值改變程度。明確變量及其相互關係是政策分析的主要任務。

1.4.2.5 政策資源

在政策制定與實際執行中，都會消耗各種資源。政府的「作為」，以能提供多少資源為基礎，這是公共政策分析的前提條件。所消耗的資源，一般可以用貨幣表示其費用，但在政策分析中，有許多因素是不能用貨幣衡量的，是非貨幣支出的費用，如生態影響因素、環境影響因素等。因此，政策決策者與政策分析者要綜合、全面考慮政策制定與執行過程中將會消耗的各種資源，他們對資源消耗的看法，將會直接影響最終實際公共政策的制定。

1.4.2.6 政策評價標準

整個政策過程，無論是從系統評估、投資評估、推測評估、方案評估，還是執行評價或總評價等，都在於所建立的合適的評價標準。政策制定是政治過程，離不開政治上的評價及其標準。顯然，不同統治階級的政治評價標準是完全不同的，資產階級維護資產階級的利益，工人階級維護最廣大人民群眾的利益。政策評價往往是綜合性評價，因為不同方面的標準，無法用較為統一的尺度來衡量。

1.4.2.7 政策效果

衡量政策效果的尺度往往用效益和有效性表示。效益大致有三方面：社會效益、經濟效益與生態效益。有些效益可以用貨幣衡量，有些則不可以。從投入—產出模型分析，政策效果基本由兩個因素決定：一是政策執行的成本，二是政策執行的結果。當政策執行結果所產生的效益高於政策執行成本時，政策結果是有效的，兩者之間的差越大則說明政策結果的有效性越高；反之，當政策執行結果所產生的效益低於政策執行成本時，政策結果是無效的。

1.4.2.8 政策環境

我們說過，公共政策系統不僅包括政策主體和客體，還包括外在環境。環境會制約和影響公共政策的制定和實施結果。在政策分析過程中，我們不能忽略外在環境的作用。

1.4.2.9 政策信息

公共政策活動是對政策信息進行搜集、加工、傳遞、使用、反饋的過程，即輸入關於社會各方面要求與需要的信息，經過轉換（領導層的決策），輸出作為所制定的政策內容的信息，其中也包括政策實施情況的反饋信息。可以說，政策信息的優化與政策優化是一致的：高質量的信息採集、科學的信息處理、有效的信息傳遞、快速靈敏的信息反饋等，既會保證政策目標與政策方案的優化，也會保證政策的有效實施。

2 公共政策的制定分析

2.1 公共政策制定概述

2.1.2 公共政策制定的內涵

政策制定是一個複雜的活動過程，它由一系列功能活動或環節構成。安德森認為，政策形成涉及三個方面的問題：公共問題是怎樣引起決策者注意的？解決特定問題的政策意見是怎樣形成的？某一建議是怎樣從相互匹敵的可供選擇的政策方案中被選中的？查爾斯・瓊斯和迪特・馬瑟斯在《政策形成》一文中認為，政策形成包括了這樣一些問題：政府問題來自何方？如何分清輕重緩急？問題怎樣隨時間變化？什麼人與提案的形成有關？他們怎麼做？如何支持提案？體制對方案的形成有何影響？出現了什麼跨體制因素促成方案發展？等等。

我們認為，政策制定是指從發現問題到政策方案出抬的一系列功能活動環節組成的政策形成過程，包括對政策問題的認定、政策議程建立、政策方案規劃和政策合法化這幾個步驟。對政策問題的認定一般被認為是公共政策動態運行的第一個環節，也是其他環節的前提和基礎。在正確構建問題的基礎上，建立政策議程並進行合理、有效的政策方案規劃，直至推動政策合法化，從而完成公共政策制定的整個環節。接下來，我們將從下一節開始，對各個步驟進行逐一討論。

2.1.2 公共政策制定的中國特色

2.1.2.1 實事求是的思想路線

中國共產黨和人民政府在政策制定中的一個基本經驗，就是堅持實事求是的思想路線。在政策制定過程中，堅持一切從實際出發，理論聯繫實際，將馬克思主義的普遍真理與中國革命和建設的具體實踐相結合，制定出符合中國國情的正確政策。

2.1.2.2 從人民的利益出發的根本宗旨

堅持從人民的利益出發，是我們制定任何一個政策的根本宗旨，也是中國政策制定過程中的一個基本特點。黨在各個歷史時期的總政策，都是根據人民的利益來確定的，各級黨組織和各級政府的領導機關的每一個具體政策的制定，也必須堅持從人民的利益出發這一根本原則。是否符合廣大人民群眾的利益，是我們判斷政策正確與否的一個根本標準。

2.1.2.3 民主集中制的組織原則

民主集中制是黨和國家最根本的組織制度和領導制度。中國共產黨和人民政府的領導機關，在政策制定過程中堅持民主集中制的組織原則，這是制定出正確政策的組織保證。民主集中制是民主制和集中制的高度統一，是高度民主基礎上的高度集中，是民主基礎上的集中和集中指導下的民主相結合。

2.1.2.4 調查研究的優良作風

在政策制定過程中，堅持調查研究的優良作風，是具有中國特色的政策制定的又一基本經驗。在確定政策之前，進行廣泛深入的調查研究，全面地瞭解客觀情況，如實把握客觀規律，在調查研究的基礎上制定出正確的政策，這是我黨、中國政府的各級領導機關的普遍做法。堅持調查研究的優良作風是制定正確政策的重要保證。

2.1.2.5 群眾路線與協商對話的基本方法

群眾路線與協商對話是具有中國特色的政策制定的另一個基本經驗。一切為了群眾，一切依靠群眾，從群眾中來，到群眾中去，這是中國共產黨在 90 多年的鬥爭中形成的群眾路線。「從群眾中來」，就是在工作中深入群眾，集中群眾的智慧與要求，反應群眾的願望和要求，制定出正確的政策；「到群眾中去」，就是將集中起來的正確政策變為群眾自覺的實際行動。與群眾路線密切相關的是，強調政策制定過程中通過協商對話達成共識，「找到全社會意願和要求的最大公約數」。

2.1.2.6 循序漸進與重點突破相結合的決策模式

在新的歷史時期，在關於政策制定的指導思想、原則和方法方面，習近平同志強調實踐發展永無止境，解放思想永無止境，改革開放永無止境；強調全面深化改革要有強烈的問題意識，以重大問題為導向，抓住重大問題、關鍵問題進一步思考，找出答案，著力推動解決中國發展面臨的一系列突出矛盾和問題；指出要善於從紛繁複雜的事務表象中把準改革脈搏，把握全面深化改革的內在規律；要把握全面深化改革的重大關係，處理好解放思想和實事求是的關係、整體推進和重點突破的關係、頂層設計和「摸著石頭過河」的關係、膽子要大和步子要穩的關係、改革發展要穩的關係。

2.2 公共政策問題的界定與建構

公共政策的功能在於解決社會公眾所面臨的一些特定問題，因此，界定與構建公共政策問題是進行政策分析的第一步，它直接影響政策過程後續階段的程序與任務。問題是政策過程的起點，問題總是先於政策的制定，而且問題的性質及特點常常決定了相關政策形成過程的性質及特點。從這個意義上講，沒有政策問題的確認就不會有公共政策的出抬，即要制定公共政策，首先必須挖掘和確認政策問題，瞭解問題產生的原因和背景，尋找社會問題進入政策議程的途徑，把握政策問題分析的基本方法。那麼，接下來，我們將對公共政策問題的界定與構建進行研究探討。

2.2.1 公共政策問題的內涵

在第一章探討公共政策的客體時，我們對社會問題、公共問題、公共政策問題做了簡單的分析，那麼，接下來我們將會進一步探討公共政策問題的內涵。

人類社會生活中存在著各式各樣的問題：個人會遇到失戀受挫、就業困難等問題；家庭會遇到入不敷出、買不起房等問題；企業會遇到成本上升、競爭加劇等問題。當然，並不是這些所有的問題都由政府來解決，政府要用政策干預和解決的是那些引起社會廣泛關注、得到政府充分重視並且屬於政府管轄範圍之內的特定公共問題，即政策問題。因此，在討論公共政策問題的內涵之前，我們有必要對問題、私人問題、社會問題、公共問題等概念進行區分。

2.2.1.1 問題、私人問題、公共問題、社會問題

在人們與周邊環境發生互動的過程中，凡是人們的目標、期望、偏好、計劃等不能實現的狀況，或者凡是現實中與人們的期望和預定目標不相符合的狀況，都可統稱為問題。問題是人們的需要、受剝奪感或不滿足感的體現，反應出來的是客觀實際情況與主觀心理期望之間的差距。

問題可以寬泛地劃分為私人問題和公共問題兩大類。

私人問題是個人根據自身需求，在爭取現實狀態向期望狀態轉化過程中遇到困難或形成矛盾而形成的差距。私人問題只能通過個人努力去克服，而個人能力的提高也正是在不斷發現問題、分析問題和解決問題的過程中得以實現的。一般來說，私人問題的影響範圍較狹窄，它只涉及一個人或者數個人，但它是構成公共問題的基礎。

公共問題是社會上絕大多數人或相當一部分人所面對的共同問題。公共問題超越了個人範圍，它與社會成員的生活息息相關，它涉及的人群範圍廣泛，並且其影響所及已不僅限於某個區域或社會生活的某個領域。當私人問題產生的影響和私人問題的解決具有廣泛性，那麼此時私人問題就轉化為了公共問題。

與公共問題類似，社會問題也會影響到社會大部分人的共同生活，但它多指公眾所面對的社會現象領域的問題，即破壞社會正常活動、妨礙社會協調發展的社會現象，如人口問題、毒品問題、生態環境問題、勞動就業問題、種族歧視問題、青少年犯罪問題和社會老齡化問題等。

在日常生活中，人們常常把社會問題與公共問題用作同義語，都指與純粹的私人問題相區別、涉及多數社會成員並且為民眾普遍關心的問題。我們在這裡也是如此。

2.2.1.2 公共政策問題

那麼是不是所有的公共問題都是政策問題呢？當然不是。社會所面臨的問題很多，但政府只有有限的資源、能力和手段，並非所有的問題都要政府通過制定政策加以解決。有些問題可以通過私人自治或民間組織得到處理；有些問題已成為歷史，沒有解決的必要；有些問題過於複雜，政府無力加以解決；還有，政府出於對各種利益的綜合考慮，對某些屬於自己職能範圍內的社會問題採取漠視的態度。因此，只有一部分公共問題能得到政府的真正重視，進入政府的政策議程，進而轉化為公共政策問題。

關於公共政策問題的定義，學術界並沒有統一的看法。美國政治學家安德森提出：從政策意圖的角度來看，政策問題可以被定義為引起社會上某一部分人的需要或不滿足的某種條件或環境，並為此尋求援助和補償的活動。尋求援助和補償的活動可以由那些受環境影響的人直接從事，也可以由別人以他們的名義進行。威廉・N. 鄧恩認為政策問題是指「有待實現的需要、價值或機會，不論其是怎樣確定的，都可以通過公共行為實現」。

我們認為，公共政策問題是指基於特定的社會問題，由政府列入政策議程並採取行動，通過公共行為希望實現或解決的問題。可以從以下五個方面來理解這個定義：一是政策問題是客觀存在的公共問題，表明現狀出現了偏差或不足；二是政策問題與公眾流行的價值觀有衝突，被認為是不公正的或不合理的；三是政策問題已被多數人察覺，有了明確的「問題」意識；四是政策問題已通過個人或團體的行動予以表達，並產生了一定的壓力；五是政策問題屬於政府管轄範圍，且被列入政府議程。

2.2.2　公共政策問題的特徵

在處理公共政策問題這種複雜事務時，認識它的幾個最主要特徵有助於我們對政策問題的理解，並且將它從公共問題中區別開來。根據美國學者威廉・N. 鄧恩的看法，我們認為公共政策問題主要具有如下特徵：

2.2.2.1　關聯性

政策問題並非孤立存在，而是相互依存的。某一領域的政策問題，往往會影響到其他領域的政策問題，不同領域的政策問題是相互關聯著的。並且政策問題還總是交織的，某個問題可能只是問題「叢林」中的一個組成部分。政策問題的關聯性特徵增加解決政策問題的難度。用分析性方法，也就是說，把問題分解為要素或組成部分來解決問題系統很困難，甚至不可能，因為問題極少能相互獨立地加以明確並得到解決。它要求我們在制定政策、解決問題時，必須樹立整體協調的觀念，將某一問題視為整體問題不可分割的重要組成部分，防範「只見樹木不見森林」的錯誤。

2.2.2.2　主觀性

政策問題是思想作用於環境的產物。政策問題既與客觀的社會現象有關，也與人們對這種現象的認識和選擇有關。某種社會現象在不同時期、經由不同人群看來可能是問題，也可能不是問題；有些問題已經存在，但未能被政策制定者所認識；有些問題在特定時空條件下，可能不具有普遍性和緊迫性，但卻有可能被政策制定者認定為政策問題。此外，被普遍認為是問題的某種客觀現象在持有不同價值觀的人群裡也可能屬於不同性質的問題，即在對政策問題認識的正確程度和深刻程度上，也存在主觀性，在很大程度上取決於政策制定者的認知能力和價值取向。總的來說，雖然政策問題具有其客觀情勢，但最主要的是人類以概念詮釋問題情境的感覺產物，是人類心智的產物。因此，在政策分析中，我們要注重政策問題的主觀性。

2.2.2.3　人為性

一方面，只有當人們對改變某些問題情勢的希望做出判斷時，才可能產生政策問題。政策問題是人類主觀判斷的產物，它涉及特定人群的利益，需要通過他們的公共活動予以表達，並根據一定價值觀來確認，即它不能脫離那些試圖界定該問題的利害關係人。

另一方面，政策問題的存在通常源於人類對社會和自然界的改造，源於人類的行為，故而具有人為性特徵。主要表現在：一是政策問題往往與人們違背客觀規律，破壞與自然界和諧的關係有關；二是政策問題可能是先前某些社會成員的錯誤行為，或政府不恰當的政策所造成的。

2.2.2.4 動態性

政策問題反應的是公眾對現狀的不滿意及希望對其加以改進的意願，它可能因為社會生活的發展及人們價值觀念的更新而逐漸縮小、消失，也可能不斷擴散乃至惡化。除此之外，對一個特定問題有多少種定義，就有多少種解決方案，一個政策問題可能具有不同的解決方案，解決方案也可能轉變為一個問題，政策問題與解決方案經常相互流動。如果問題未被正確地加以陳述，則解決方案會逐漸失去時效。另外，政策問題的解決方案也會隨著外部環境因素及人們對問題內容、性質的理解發生變化而變化。

2.2.3 公共政策問題的建構

公共政策問題的基本特徵決定了它的確認與建構是一項非常複雜的工作，並且也是有效解決政策問題的前提和關鍵。問題的建構優先於問題的解決，只有找準了問題，才能做出具有針對性、正確、有價值的解決方案，即公共政策決策。因此，公共政策問題的確認與建構顯得尤為重要。

2.2.3.1 公共政策問題建構的具體內涵

我們認為，問題建構的基本內容有：①發現問題，確認特定問題是否是政策問題。在發現問題之後，要確認它是否屬於政府職權範圍之內，要考慮政府的介入與干涉是否具有正當性和必要性、是否符合社會一般價值觀，政府是否具備解決該問題的能力等，進而確定該問題是否能成為政策問題。②確認問題情境。也就是要弄清楚問題的由來、是誰提出的問題、問題的性質如何、問題設計的領域和波及的範圍、問題的嚴重程度等，進而能夠大致確定問題的解決方案是怎樣的。③瞭解政策利害關係人的切身感受。要綜合考慮問題與政策相關的各方面利害關係人的感受，以及他們的訴求與期望等。④問題陳述。即通過可理解的語言，將問題加以具體描述和表達。具體而言：指明問題的本質，包括問題的嚴重程度、影響範圍等；陳述問題的產生原因和背景，是自然原因還是人為原因等；確定標的人口，即政策的受益人口和約束人口；初步提出解決問題的思路，並闡述其現實可能性、政策資源的承受能力等。

2.2.3.2 公共政策問題建構的具體程序

在公共政策過程中，政策問題構建通常由問題感知、問題搜索、問題界定和問題陳述四個相互依存的過程組成；政策問題構建包括問題情境、元問題、實質問題和正式問題四種實質內涵。

第一階段：以「問題感知」體悟「問題情境」。政策問題構建的整個過程有一個前提條件，那就是認識或感知到問題情境的存在。在此階段中，我們的目標並不是發現單獨存在的政策問題，而是企圖發現政策問題利害關係人所共同感受到的問題情境形態。

第二階段：以「問題搜索」認定「元問題」。此階段要求以公共政策概念詮釋問題情境，使之成為政策分析家所能處理的元問題。政策分析家通常面對的是一個由各種不同意見糾集而成的問題之網，它們是動態的，具有社會性，貫穿政策制定過程。事實上，這是一個「元問題」——一個問題的問題，它是結構不良的，因為各個利益相關人對問題的陳訴差異很大，好像範圍大得難以控製。所以，此階段的中心任務是要根據政策科學的理論找出結構不良的政策問題，以形成政策分析家感興趣的元問題。

第三階段：以「問題界定」發現「實質問題」。此階段要求以專業知識來判斷該問題究竟屬於哪一個政策領域。若是經濟學的範疇，則從供需法則的角度加以分析；若屬於政治學的範疇，則要按各個利益集團、精英人士或其他社會等級中權力與影響的分佈加以分析。不論是哪一個領域，這個階段都反應出政策分析家的世界觀和意識形態。

第四階段：以「問題陳述」建立「正式問題」。一旦界定了問題的實質，就可以進一步確立更詳細、更具體的正式問題。從實質問題到正式問題這個過程稱為「問題陳述」，即對實質問題形成一個正式的數學表達模型。對結構不良的問題來說，此階段的任務不在於得到正確的數學解決方法，而在於界定問題本身的性質。

在政策問題構建程序中，不同的階段必然會使用不同的分析方法和理論基礎。在前兩個階段，所運用的方法著重於主觀的研究法或詮釋的理解法，思考問題的理性則是政治與社會理性；在後面兩個階段中，所運用的方法則注重客觀的研究方法或量化的分析方法，思考問題的理性則是經濟與技術理性。

當我們認定政策問題時，我們所感受到的問題情境必須與元問題的性質相符合，我們所搜索到的元問題也必須符合實質問題，而當我們將實質問題轉化為正式問題時，更必須維持一致的關係。否則，將會犯相當可怕的「第三類錯誤」，即當應該解決正確的問題時，卻解決了錯誤的問題。

2.3 公共政策議程的建立

2.3.1 政策議程的界定與類型

政策議程，是指政策制定者就某個廣為關注的公共問題進行討論，以決定是否需要對其採取行動、何時採取行動以及採取什麼行動，它是將政策問題提上政府議事日程，納入決策領域的過程。

將一個政策問題提到政府機構的議程之上是解決該問題的關鍵一步。一般而言，政策議程也是社會問題、公共問題轉化為政策問題的關鍵一步。一個公共問題或社會問題只有以一定的形式，經過一定的渠道進入政策議程，成為決策者研究和分析的對象，才能成為政策問題，這個問題也只有通過政策議程才能得到解決或處理。但是，某個公共問題出現在政策議程上並不意味著就必然會為之制定政策，因為政府在討論過後可能做出不予理睬或推遲再議的決定，直到引起社會公眾更廣泛的關注，或者政府有更豐富的資源可以利用。更何況對於許多問題來說，政府解決它們的辦法還是更多的錢和更多的管理，而不是出抬或修訂政策。

政策議程的形成過程，也就是問題有望獲得解決的過程，就是人民群眾反應和表達自己的願望和要求，促使政策制定者制定政策給予滿足的過程，就是政府或執政黨集中與綜合所代表的階級、階層和集團利益，並通過政策制定予以體現的過程。

在政治系統中存在著諸多政策議程。其中公眾議程與政府議程是最基本的兩種形式，同時也是政策議程的兩個不同階段。一般來講，一個公共問題如果不能在公眾議程上占據一席之地，那麼它就很難進入政府議程。

2.3.1.1 公眾議程

公眾議程，又稱「系統議程」，是指某個社會問題已經引起社會公眾和社會團體的普遍關注，他們向政府部門提出政策訴求，要求政府部門採取措施並加以解決的這樣一種政策議程。

從本質上講，公眾議程是一個眾人參與的討論過程，是一個問題從與其具有特殊聯繫的群體逐漸擴展到社會普通公眾的變化過程，即一個問題先引起相關群體的注意，進而引起更多人的注意，最後普遍受到普通公眾的注意。公眾議程依賴於有正義感、責任心、公共精神和批判意識的公眾。

出現在公共議程上的問題大多是與老百姓切身利益相關的民生問題，這些問題得以進入公眾議程的前提條件是：①問題具有典型性，已經廣泛流傳並受到充分注意；②大多數人都認為有必要對此問題採取行動，否則會擴散或惡化；③公眾普遍認為該問題屬於政府部門管理權限範圍，並且只有政府才能解決。

2.3.1.2 政府議程

政府議程，又稱「正式議程」，是指某些社會問題已經引起決策者的深切關注，他們感到有必要對之採取一定的行動，並把這些社會問題列入政策範圍的這樣一種政策議程。

從本質上講，政府議程是政府部門按特定程序行動的過程，在程序上表現較為正式和固定，在方法上表現比較嚴謹和精確，在內容上表現比較具體和集中。一般來說，政府是否將某個公共問題列入議事日程取決於民眾壓力的大小、其他問題的相對重要程度以及政治意識形態等。

在政府議程階段，問題得到較為清晰的描述，政府基本掌握了問題的原因、性質與狀態，並根據問題的輕重緩急決定採取政策行動的時間和次序。因為即使進入政府議程，由於政府的工作千頭萬緒，許多問題等待處理，必然要排出先後次序，分出輕重緩急。政策問題只有進入政府議程才有解決的可能。

2.3.1.3 公眾議程與政府議程的區別

公眾議程和政府議程是政策議程的兩個不同階段，二者有著本質區別。公眾議程一般由一些比較抽象的項目組成，其概念和範圍都比較模糊，僅是發現問題、提出問題，它可以不提出政策方案或解決辦法，所體現出來的往往是眾說紛紜的特點。政府議程則比公眾議程更加特定和具體，它是對政策問題進行認定和陳述的最後階段。問題經過一定的描述，為決策系統正式接受，並採取具體方案試圖解決的時候，公眾議程就轉為政府議程。

二者的聯繫在於：公眾議程是政府議程的起始階段，政府議程是政策議程的高級階段。在一般情況下，一個政策問題提出的過程是這樣的：某一社會問題先進入公眾議程，被公眾加以關注和討論；然後，由於該問題自身的特殊性、重要性、嚴重性以及迫切性等，引起了政府的決策者的關注，由公眾議程進入政府議程，最後成為政策問題。然而，並不是所有的社會問題都是如此。並非所有進入公眾議程的問題，都必然進入政府議程，也並非所有進入政府議程的問題必然經過公眾議程。

2.3.2　影響社會問題進入政策議程的行為者

政策制定實際上是把社會上各種利益訴求輸入政策系統並將其轉化為政策輸出的過程。在利益派別及主張多元化而政府財力又有限的情況下，政策議程的構建常常是一個極其複雜的過程。各派政治力量都會參與其間，為爭奪優先權及維護自身利益而進行鬥爭、交易和妥協。在這種情況下，某個公共問題若想成功地被列入正式的政策議程，就必須依靠有影響力的主體從背後不斷推動，並且最大限度地動員問題所涉及的利益相關人員。這些有影響力的主體便是影響社會問題進入政策議程的行為者。

2.3.2.1　政治領袖

在任何國家或地區，政治領袖都是影響政策議程建立的一個重要因素。他們無論是出於公眾價值觀和政治使命感，還是出於個人需要和團體利益的考慮，都會密切關注社會中出現的這樣或那樣的問題，提出對特定問題的解決方案，並在可能的條件下，將其告知公眾，以引起必要的回應。作為政策系統的核心人物，政治領袖往往具有較高的聲望、豐富的從政經驗和一定的遠見卓識，所以他密切關注的問題總能迅速地被提上政策議程。當然，政治領袖在政策議程構建的這種作用大小更多地取決於國家政治體制。需要注意的是，政治領袖對社會問題的關注和認定往往受多種個人因素的制約，如性格特徵、成長經歷和受教育程度等。在構建政策問題、建立政策議程的過程中，這些個人因素往往會與公共問題交織在一起，並以國家和公眾的名義體現。

2.3.2.2　政黨

政黨是一定階級或階層在政治上最積極的代表，也是現代社會最主要的政治主體，絕大多數國家都存在一個或多個政黨。由於政黨必須通過奪取和鞏固國家政權來貫徹其政策綱領，以維護其所代表的階級或階層的利益，因此政策議程的構建常常是在政黨的主導和參與下實現的。儘管當今世界各國所實行的政黨制度不同，但執政黨往往都是促使政府將某些公共問題納入政策議程的最重要力量。

2.3.2.3　利益集團

利益集團是基於某種共同價值、共同利益、共同態度或者共同職業等而形成的正式或者非正式的社會組織。利益集團的基本職責是維護並增進本團體成員的共同利益。在社會政治生活中，當既定的社會利益結構發生變化時，出於維護自身利益的考慮，利益集團就會單獨或聯合其他團體向政府提出種種問題與要求。在多元主義理論看來，現代政府的公共政策過程，在本質上就是眾多利益團體代表各自成員的利益，進行利益聚合與表達，通過競爭、博弈和討價還價，最終達成妥協和均衡的過程。利益集團在問題構建與政策制定過程中發揮著重要作用，它們通過遊說、宣傳、助選、抗議等手段，迫使政府將其提出的問題列入政策議程，並採納有利於自己的政策建議，或者通過各種手段阻止對自己利益產生損害的政策，以最大限度地維護本團體成員的利益。

2. 3. 2. 4 專家學者

在科研機構、高等院校中工作的專家學者憑藉自己的專業優勢和技術特長，既能及時捕捉到社會運行中的現實問題，又能科學預見到社會發展中的潛在問題，並能夠憑藉自己的特殊地位和重要影響，進行問題分析和政策發動，從而為社會問題進入政策議程創造條件。但是，與政治領袖的作用相比，專家學者對政策議程的建立影響較小。

2. 3. 2. 5 大眾傳媒

在信息社會，大眾傳媒憑藉其覆蓋率高、信息量大、影響面廣、衝擊力強等優勢，傳播信息、製造輿論、溝通思想、普及知識，有效並深刻地影響著社會問題進入政策議程的效率和質量，被視作「第四種權力」。在政策議程的建立過程中，大眾傳媒一方面反應民眾的偏好、利益和要求，把少數人發現的問題廣泛傳播，以形成強大的輿論壓力，促使政府決策系統關注並接受特定的政策問題；另一方面，大眾傳媒也借助政府的觀點和自己的見解，影響和改變著民眾的意願與需求，重塑社會公共問題。這種雙向的互動過程使得大眾傳媒日益成為社會公共問題進入政策議程的有力推動者。

2. 3. 2. 6 公眾個人

從某種意義上講，許多公共問題都是由私人問題演化而來的。當一個人遇到某個問題，他不選擇忍氣吞聲，而是將自己的想法告知公眾和媒體，或者將有類似看法的人組織起來，掀起一場群眾運動，向政府有關部門提出抗議，或者通過正當形式展開討論並提交政策建議等，那麼此時，就會形成許多人討論的局面，這一個私人問題就有轉變為公共問題的可能。除此之外，還需要強調非正式關係在社會問題進入政策議程過程中的作用。所謂非正式關係，是指超出法定組織制度和工作程序的人際關係，比如老鄉、親屬、同學、朋友等關係。通過這些非正式關係，公民個人提出的問題可能被列入政策議程。

2. 3. 3 觸發社會問題進入政策議程的時機

社會問題要想成功進入政策議程，不僅需要有人在背後推動，還需要把握住時機，即所謂的觸發機制。儘管它們數量稀少，且不可能長久存在，但是公共政策的重大變革卻常常是由於這些時機的出現而導致的。綜合國內外學者的研究，我們這些時機有：自然災害、危機事件、技術變革、國際衝突等。

2.3.3.1　自然災害

自然災害的來臨，常常嚴重威脅到社會成員的生命和財產安全。只要是追求長治久安的統治者都必須顧及民心，將救災事宜作為最重要的政務來處理。現代社會對自然災害的預測能力有了很大的改觀，因此政府能夠提前做出部署，以減少災害的破壞。儘管如此，突發性的災害仍然不能避免，它警示我們要愛護環境、保護生態，維護大自然的平衡。

2.3.3.2　危機事件

某種危機事件會使某些問題被盡快提到政府議程，如煤礦事故、恐怖襲擊等。儘管社會上有大量的問題已被人們察覺到，引起了廣泛關注和議論，但還沒有到非採取行動不可的地步。但在某一突發事件的影響下，把社會上與之相關的事，都統統同這一件事聯繫起來時，會使決策者為之一振，很快認識到問題的嚴重性。

2.3.3.3　技術變革

技術變革同樣會加快某些政策議程的構建，特別是那些影響深遠的新技術的出現。它們往往帶來新型的問題，迫切需要政府通過有效的政策干預來解決。比如，作為人類通信技術的一次革命，互聯網的出現的確極大地便利了人們的生活，但它導致了網路詐騙、網路黑客、網路病毒等一系列網路犯罪活動。當然，對於某種技術變革的看法會因國而異，所以在它是否構成一種政策問題以及在它構成一種政策問題時如何處理等方面可能有不同的判斷和做法。比如，各國政府對克隆人的態度就有很大差異。

2.3.3.4　國際衝突

國際關係對公共問題進入政策議程的影響是複雜多變的。國際衝突的出現既會使某些問題凸顯出來，也會暫時擱置另一些問題或阻礙其提出。對於當前這個時代來說，國家之間的衝突更多的是以貿易戰的形式呈現出來，其結果就是政府越來越多地對本國企業參與國際競爭給予關照和支持。

2.3.4　公共政策議程的建立模型

政策議程的構建會因為國家的政治體制、公共問題的性質和領域、倡導者的人員組成等的差異而有所不同。為了能認識和分析這些具有不同特點的政策議程的構建方式，學者們創立了一些模型來簡化和說明。其中，以科布和金登的觀點最具代表性。

2.3.4.1　科布的政策議程模型

美國學者羅杰・W. 科布等人在《比較政治過程的議程決定》一文中根據政策問題的提出者在議程中的不同作用，以及擴散其影響力的範圍、方向和程序而把政策方程模型劃分為外部推動模型、政治動員模型和內部推動模型。

外部推動模型適用於描述自由主義的多元化社會的政策議程構建。在該模型中，政策訴求由政府系統以外的公民個人或社會團體提出，經闡釋（對政策訴求進行解釋和說明）和擴散（通過一定方式把政策訴求傳遞給相關群體），首先進入公眾議程，然後通過對政府施加壓力的手段，使之進入政府議程。該模型通常在民主和平等的社會中出現。通過該模型創建的政策議程只是讓政策問題列入政府的議事日程，並不意味著政府會不折不扣地按創始者的意願做最後的決定。通常情況是，通過該模型創建的政策議程，最終不是受到徹底否決，就是被修改得面目全非。

政治動員型更符合集權主義政體中政策議程構建的特徵，它描述的是政治領袖自己提出問題並將其列入政策議程。具有權威作用的政治領袖主動提出的政策意向，往往能夠成為政府的最終決策，所以看似沒有必要建立相應的政策議程。之所以要這樣做，主要是為了尋求社會公眾的理解和支持，以便更好地貫穿和實施這項政策。政治動員型以政府議程為基點，公眾議程為對象，其目標在於政策方案的順利執行。該模型通常出現在不太公平的社會中，在那裡，政府及其領袖具有超強的權威。

內部推動型多見於法團主義的政體。政府系統內部的人員或部門為解決純粹的內部事務而提出政策問題，且問題擴散的對象僅限於「體制內」的相關團體和個人。在該模型下，僅限於政府內部的組織或接近於決策者的團體才能提出政策問題；該模型企圖排除普通公眾參與的可能性，此類問題的確認遠離公眾議程，普通公眾便沒有參與的機會和希望；問題最多會擴散到一些認同性團體，以爭取更多力量的支持，向決策者施加足夠的壓力，促使決策者將此類問題列入政府議程。在整個議程建立和政策形成過程中，社會大眾的參與並不多，起支配作用的是政府和占優勢地位的團體。可見，該模型在財富和權力相對集中的社會較為流行。

2.3.4.2　金登的政策議程模型

根據約翰·W. 金登的看法，政策議程的模型建立在問題流、政策流、政治流三種信息流的基礎之上。

問題流主要關注問題的界定。它包括問題是如何被認知的，以及客觀條件是如何被定義為問題的。問題常常通過以下三種途徑而受到人們的普遍關注：第一，社會問題存在與否及其重要程度，可以用一系列指標來反應；第二，一些重大事件或危機事件經常能夠導致決策者對某個問題的關注；第三，從現行項目中所獲得的反饋信息，可以推動對問題的關注。

政策流與解決問題的技術可行性、問題解決方案的公眾接受度等有關。政策流的重要方面在於針對政策問題而提出的各種建議，通常以聽證會、論文和會談等形式獲得檢驗。各種各樣的政策建議、解決辦法相互碰撞、相互修正、相互結合，廣為傳播。這些建議能夠存在需要滿足多項條件，如它們的技術可行性、它們與主導價值觀的適合程度、它們的預算可行性以及政策制定者提出這些建議所可能遇到的支持或反對。

政治流涉及政治對於問題解決方案的影響。它包括三個因素：公眾情緒、壓力集團之間的競爭、行政機構或立法機構的換屆等。潛在的議程項目如果與目前的民族情緒相一致，能夠得到利益集團的支持或者沒有有組織的反對，符合立法機構或行政機構的一貫主張，那麼它們就更容易獲得議程上的優勢地位。

金登指出，當這三個信息流匯合到一起，「政策之窗」（政策建議的倡導者提出其最得意的解決方案的機會，或者他們促使其特殊問題受到關注的機會）就打開了，即問題與解決辦法及一些有利的政治勢力連接起來，從而極大地增強某個項目進入決策議程的可能性。三者缺一不可。然而，在現實生活中，更多時候出現的都是部分的結合。

2.4　公共政策方案規劃

政策方案規劃是政策方案形成過程中的中心環節，是政策制定走向科學化和理性化的必經階段。一個政策問題一旦進入政府的議事日程，我們就將開始對其進行分析、研究及提出解決方案的進程，這個進程便是政策方案規劃階段。

2.4.1　政策方案規劃的內涵

政策方案規劃的概念，從詞義上分析具有兩層含義。作為名詞的政策規劃是指為解決政策問題所制定的行動目標、行動步驟和行動要求等，即政策方案的內容。這是一種靜態的含義。作為動詞的政策規劃是指行動目標、行動步驟、行動要求等，是設計制定過程，即政策方案的制定過程。這是一種動態的含義。我們多用動態的含義。

關於政策方案規劃的含義，不同學者有著不同的觀點。我們列出了幾種具有代表性的觀點，並對此進行了分析。

美國學者安德森認為，方案規劃涉及與解決公共問題有關的，並能被接受的各種行動方案的提出。

美國學者查爾斯·瓊斯認為，政策規劃指發展一個計劃、方法和對策，以滿足某種需求，解決某項問題。

臺灣地區學者林水波和張世賢認為，方案規劃是一個針對未來，為能付諸行動以解決公共問題，發展中肯並可以接受的方案的動態過程。

張金馬教授認為，政策規劃過程是一個狹義的政策分析過程，包括政策目標的確定、政策方案的設計、政策方案的選擇、政策方案的可行性論證等程序。

陳振明教授認為，所謂政策規劃指的是對政策問題的分析研究並提出相應的解決辦法或方案的活動過程，它包括問題界定、目標確立、方案設計、後果預期、方案決策五個環節。

這些定義都從不同方面對政策方案規劃進行了闡釋，由此我們能感受到政策方案規劃的基本特徵如下：

首先，政策方案規劃的目的是解決特定的政策問題。政策問題的客觀存在是政策規劃的前提和基礎，政策方案規劃是以消除特定的政策問題或以防止其擴散為目的而展開的，問題的性質、領域和程度都決定了政策方案規劃的主要內容。

其次，政策方案規劃著眼於未來的變革與發展。政策規劃是一種前瞻性或前置性的政策行為，需要運用經驗判斷和科學分析來推導政策問題未來可能的發展趨勢及可能的狀態，然後結合這些可能性來進行方案的構想和設計。只有這樣，才能確保最終出抬的政策不會滯後於環境的變化，而是在較長一段時間裡都適用，減少頻繁出抬政策所帶來的不便。

再次，政策方案規劃的基本內容是方案設計與方案擇優。政策方案的設計是針對要解決的政策問題，運用各種定性與定量的分析手段和方法，設計出一系列可供選擇的方案。方案擇優就是通過系統的分析、比較和可行性論證，在多個備選方案中確定一個最優的方案的過程。方案設計立足於政策目標，方案擇優立足於可行性論證。

最後，政策方案規劃既是一種研究活動，又是一種政治行為。一方面，政策規劃要借助專家學者的力量，遵循科學的原則、手段與方法，來開展問題界定、目標確立、方案設計、後果預測、方案設計等一系列活動。另一方面，由於政策涉及公眾之間利益的調節和分配，政策規劃過程因其中的參與者因其利益、價值觀和信仰不同而相互影響、相互制約，呈現出紛繁複雜的特點。換句話講，政策方案規劃就是政府與非政府行為者之間的一種互動博弈過程，而最終制定的政策就是這個過程的結果。

綜合前面的分析，我們認為，政策方案規劃是政府機關針對特定的政策問題，依據一定的程序和原則確定政策目標、設計政策方案並進行擇優選擇的過程，這一過程的結果便是公共政策的制定。

2.4.2 政策方案規劃的原則

政策方案規劃的原則是政策方案制定者在規劃活動過程中應該主動遵循的政策規劃行為規範。規劃原則主要體現在政策目標的確定過程中。綜合各種觀點，我們認為在政策方案規劃過程中遵循下列原則是十分有必要的：

2.4.2.1 信息完備原則

信息是政策規劃的依據和基礎材料。從某種意義上，在現代信息社會，政策規劃的過程就是信息的收集、整理、加工和處理的過程，政策規劃的成效很大程度上依賴於信息的全面、具體、準確、及時。沒有完備而準確的信息，就不會有科學的政策規劃。信息越全面、準確，政策規劃過程的深度和廣度就越大。因此，充分佔有信息是政策規劃成功的根本保證。

2.4.2.2 系統協調原則

從系統論的角度看，任何事物都處在普遍聯繫之中，政策問題之間也是相互聯繫和依存的。政策問題的這種關聯性要求政策規劃者必須具有整體思維和系統觀念，將整體與局部、內部條件與外部環境、眼前利益與長遠利益、主要目標和次要目標結合起來進行綜合考慮分析。此外，政策規劃者在規劃時還應注意使達成政策目標的各政策手段形成網路而相互協調，並考慮不同層次政策之間的縱向協調和不同領域政策之間的橫向協調。

2.4.2.3 科學預測原則

預測是政策規劃的前提，也是政策規劃過程中的必要環節。預測就是由過去和現在推知未來，由已知推未知。政策規劃是面向未來的，是在事情發生之前的一種預告分析和選擇，具有明顯的預測性。對事物未來的發展趨勢及其結果的正確與否做出判斷，在很大程度上決定著政策的成敗。沒有預測或預測不科學，都會導致錯誤的政策。科學預測，就是在正確的理論指導下，按照科學的原則、程序和方法對未來情況進行估計的活動。實踐證明，只有科學預測，才能保證所制定政策的正確性。

2.4.2.4 民主參與原則

民主不僅意味著對決策者的選擇，還意味著對決策權的分享，前者使其得以具有現實性，後者是民主的本質要求。在政治生活中，要想真正實現民主，就必須通過各種制度化的渠道把公眾納入政治過程，並鼓勵他們積極參與政策制定的每一個過程，包括政策規劃。只有人人參與，群策群力，相互補充，才能規劃出科學而有效的政策。

2.4.2.5 可行原則

可行原則是政策制定者必須遵守的基本原則。它要求政策制定者在政策方案規劃過程中，要對某項要制定的政策方案在社會中是否切實可行和是否行之有效做出各種分析論證，以確認政策方案是否符合客觀實際，具備實施的現實可能性。這種現實可行性是多方面的，包括政治、經濟、技術、法律和社會倫理道德等方面的可行性。

2.4.2.6 創新原則

創新原則要求政策方案規劃必須要有新意，不能簡單重複和模仿，不能因循守舊和消極保守。一方面，政策規劃者在進行那些以科學新發現、知識新組合和新思想觀念為基礎的真正意義上的創新規劃時，要積極面對全新的問題，敢於接受挑戰、承擔風險。另一方面，政策規劃者在對待那些具有漸進意義上的一般規劃和例行規劃時，要有超前意識，積極考慮原先政策基礎上的創新。事物總是在不斷地運動、變化和發展，堅持創新原則，才能使政策規劃在歷史的潮流中不滯後。

2.4.3 政策方案規劃的程序

在分析政策方案規劃的程序之前，我們有必要來認識理解公共政策制定過程這樣一個概念。

綜合國內外各知名學者的觀點，對公共政策制定過程的認識可以分為兩類：

一類是廣義上的公共政策制定過程（又稱「公共政策過程」），從政策問題的確認開始，一直到政策評估和政策終結為止；

一類是狹義上的公共政策制定過程，是指從確立政策目標到抉擇政策方案的過程。

前者站在宏觀角度，關注從問題確認到政策終結這樣一個完整週期；後者站在微觀角度，研究從確立政策目標到抉擇政策方案的微觀過程。二者的關係見圖 2-1。

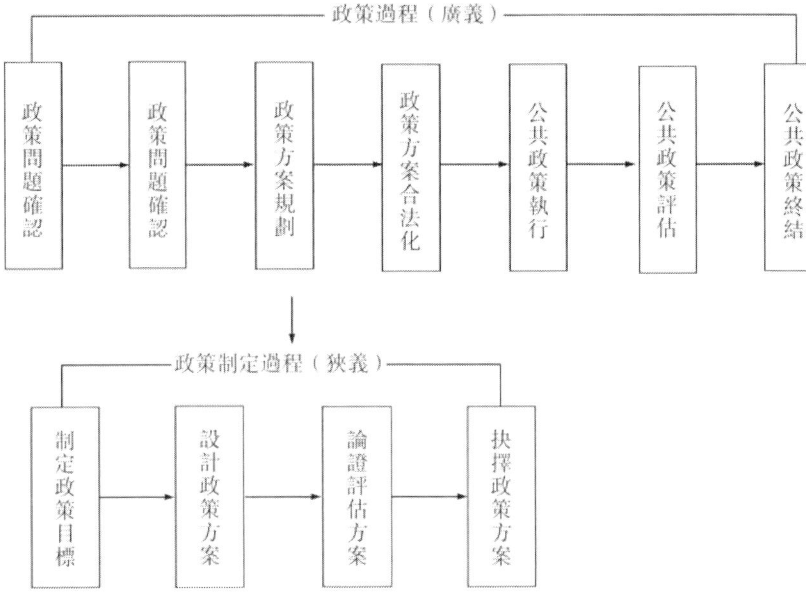

圖 2-1

本書的政策方案規劃採用的是狹義的概念。我們在前面兩節已經分析了問題確認和政策議程的構建，現在要討論的是具體的公共政策的制定過程。換句話說，我們把政策問題確認、政策議程設定、政策方案規劃、政策方案合法化都納入了政策的制定分析中，其中只有政策方案規劃才是一個具體的公共政策的制定過程。至於政策執行、政策評估、政策終結，我們將會在後面章節學習。

政策方案規劃由一系列相互關聯又相互區別的環節組成，分別是：確立政策目標、設計備擇方案、論證評估方案、抉擇最優方案。

2.4.3.1 確立政策目標

（1）確立政策目標的意義和作用

制定公共政策首先要確立政策目標。政策目標是政策制定者希望政策實施後解決政策問題達到的某種效果或狀態。政策目標具有十分重要的作用，主要體現在：政策目標是政策方案設計和優選的基礎依據，是政策方案執行的指導方針，是政策績效評估的參照標準。政策目標的確定是政策制定的根本出發點和落腳點。因此，政策目標的確立是一項必須慎重的工作，只有合理有效的政策目標才能夠起到方向性、指導性的作用。如果政策目標錯誤，就會導致決策失誤。錯誤的公共政策，甚至還會給經濟、政治與社會帶來嚴重的負面影響。

（2）保證政策目標有效性的要求

政策目標的有效性取決於兩個主要環節：一是政策目標的設計正確，二是不同的參與者對政策目標的共識。沒有認清政策目標，就設計政策方案，很難避免失誤。必須對政策目標進行深入、全面地分析，分清什麼是必須實現的主要目標，什麼是盡可能實現的次要目標。

為了保證政策目標的有效性，我們在確立政策目標時必須遵循下列要求：

一是政策目標的具體明確性。政策目標的表達和概括應當明確具體，含義也要清楚，不論是內涵還是外延都應當科學界定。針對某一問題只能有一種解釋，不能產生理解方面的歧義，否則的話，就不便於理解和認識，也不便於日後的執行與檢查，從而影響政策的效果。具體地講，詞義要準確，是單義性的理解；實現要求與約束條件都應具體；在條件允許的情況下，要盡量使目標量化。

二是政策目標要具有前瞻性。在確定政策目標時，必須以發展的眼光看問題，科學地預測問題的發展動向，掌握問題發展的各種可能趨勢，使政策目標具有一定的前瞻性。只有政策目標的規定高於現實水平，才能對政策參與者產生強大的激勵作用。

三是政策目標要具有可行性。政策目標單有前瞻性是不夠的，還需要考慮可行性。要從實際出發，充分分析主客觀條件，使政策目標建立在扎紮實實的客觀基礎上。這些主客觀條件包括人力、財力、物力、信息、技術、時間等方面的資源和國際、國內的社會環境，以及社會公眾期望與要求等。政策目標既要源於現實又要高於現實，是經過主觀努力能夠實現的目標，避免政策目標偏高或偏低。

四是政策目標要具有協調性。在現代社會，政府決策往往是多目標的複雜決策，同時要實現多個目標，其中有主要目標，也有次要目標；有近期目標，也有遠期目標；有經濟目標，也有社會目標；有定性的目標，也有定量的目標；有相互補充的目標，也有相互對立的目標。政策目標的協調，是要強調多目標之間的一致性，鞏固它們之間的同向性，減少它們之間的異向性，避免它們之間的衝突性。

五是要實現政策目標與手段的統一。現代政策系統是一個層次分明的等級系統。除有總體目標外，還有多個具體的子目標。在由總體目標到具體目標組成的分層目標結構中，實現上一級目標的手段，往往是下一級的目標，或者說下一級目標是上一級目標的手段，由此，便組成了一個複雜的目標——手段鏈。在政策制定過程中，既要避免目標異化為手段，或手段對目標的勝利；又要避免目標置換，不能用高層次的目標代替本層次的具體目標，也不能用本層次的目標干涉低層次的目標。

(3) 確立政策目標面臨的困難

經過前面的分析，我們知道了確立政策目標的重要性。但是，在實際操作中，政策目標的確立具有很大的難度。這些困難主要源於政策目標所蘊含的價值因素、政治因素以及多目標的衝突三個方面。

一是價值因素。政策目標在很大程度上取決於政策制定者的價值判斷，這種價值判斷使政策目標的認定過程帶有強烈的主觀色彩。政策目標到底為何物？這取決於社會群體及社會個人的價值觀，具體來說取決於群體或個人在社會中的經濟和政治地位、相關利益偏好、社會倫理道德、社會傳統與歷史等因素，其中，政策制定者的價值觀對政策目標的確認發揮著決定性的作用。

二是政治因素。從某種角度上講，公共政策是政治過程的產物，而不是個人行為的結果。因此，決策者從政治的角度出發，常常把政策目標弄得含糊不清。並且，各種利益集團也會從自己的價值觀和利益需求出發，向決策系統施加壓力，企圖操縱政策目標的選擇，增加了政策目標確定的難度。

三是多目標間的衝突。如前所述，現實的政策目標可能是一個多重的系統：在縱向上是多層次的，在橫向上是多方面的。在政策目標系統中，主要目標和次要目標、長期目標和短期目標、定性目標和定量目標、經濟目標和社會目標錯綜複雜地交織在一起，它們之間會有一定的衝突和矛盾，到底如何取舍，怎樣分清目標的主次輕重，成為政策目標確定的一個難題。

（4）確立政策目標的途徑與方法

①價值分析

第一，價值判斷構成確定政策目標的基本前提。

第二，價值觀是由複雜的歷史、地理、心理、文化和社會經濟因素所決定的超理性或非理性的東西，而不是合乎理性的思考結果。生活環境、家庭、學校、生活小圈子、文化、職業、社交等都是價值觀形成的土壤。從價值分析的角度來講，價值的原表徵是這些土壤所產生的基本信念，加上系統選擇、資源分配優先順序、目標、系統意向、領導和管理風格、以往的政策、廣告宣傳、觀察到的一定的領導偏差等。

第三，價值分析中主要涉及的是：政策及其目標的價值含義、價值的一致性，絕對價值和相對價值，對明確價值觀可行性的限制，價值組合、價值衝突以及價值觀的加強與改變。

第四，為明晰目標而作價值分析，通過這一途徑主要解決的是目標反應誰的價值觀，目標受眾的利益等問題。

第五，價值觀是非理性的。當前可以利用的最好方法是：對上述提到的各種價值表徵進行行為研究、對作為規範性的價值系統即社會政治意識形態進行分析、決策分析、預測分析、面談等。

②政治分析

影響政策目標的政治因素包括決策者的政治立場和政治需要以及各種利益團體的政治訴求。面對關乎切身利益的黨派之爭，政策制定者會弄清他們自己的政治立場、政治需要和政治觀點。利益集團對政策目標的確立影響很大。在西方社會，許多決策者是利益集團的代言人，因此經利益集團相互妥協後確定的政策目標未必能實現社會福利最大化或真正反應公共利益。

③處理多重及衝突的目標

處理多重及衝突的目標是政策目標確立過程中的又一難題。如果政策目標在這個問題上存在爭論，那麼就應該努力尋找一個能取得共識的更高一級或更一般性的目標。

2.4.3.2 設計備擇方案

備擇方案是指決策者用來解決政策問題、達成政策目標的手段、措施或辦法。依據政策目標設計政策方案是解決政策問題的關鍵性步驟。如果說問題界定是為了發現問題「是什麼」，目標確立是為了確定「做什麼」，那麼，設計備擇方案就是解決「怎麼做」的問題。

一般而言，備擇方案的設計可以分為兩個階段，第一階段是進行政策方案的輪廓構想，第二階段是對政策方案加以細化。

(1) 政策方案的輪廓構想

政策方案的輪廓構想就是要從不同的角度設計出多種可以實現政策目標的思路和輪廓，它是設計備擇方案的第一步，也是政策方案規劃過程中的關鍵一步。政策方案的輪廓構想主要解決兩個方面的問題：一是確定要實現既定的政策目標，可能的方案數量能有多少；二是將各方案的輪廓勾畫出來，並進行初步設計，內容包括行動原則、指導方針、發展階段等方面。

在進行政策方案的輪廓構想進程中，要遵循下列要求：

第一，政策方案要符合目的性。具體是指方案設計時要在對達到目標的各種條件進行客觀分析的基礎上，明確規定政策方案與政策目標之間的對應關係，即不同方案在政策目標實現方面的作用和所處地位的明確表示。簡言之，政策方案必須符合政策目標的基本要求並為之服務。

第二，政策方案要具有整體上的全面性與多樣性。為保證初步方案的多樣性和豐富化，必須設計出多個具有可行性的備擇方案。只有備擇方案較為完備和豐富，優化抉擇階段才有挑選的餘地。在政策科學中，人們習慣把只有一個備選方案、沒有其他選擇餘地的決策條件稱為「霍布森選擇」。而在政策方案設計的過程中，我們要避免它。正如管理學的一句名言所表示的那樣：當看上去只有一條路可走時，這條路往往是錯誤的。

第三，政策方案之間要彼此互斥。初步設想的不同政策方案之間必須是互相排斥的，在內容上不能有雷同。這些情況都不符合互斥性的要求：甲方案的措施包含在乙方案之中，或者兩個方案是解決一個問題的兩個因素，或者乙方案是甲方案的具體化等。

第四，政策方案要有創新性。政策問題的出現就已說明原來的政策措施已經無法適應社會發展的需要了，要解決政策問題必須要有新的思路、開闢新的途徑、制訂新的方案。

(2) 政策方案的細化設計

在政策方案輪廓設想階段，暫時撇開了對有關細節的考慮，以減少對創造性思維的束縛。但經過這一步所得到的結果往往只是粗線條的方案雛形，尚未構成一個完整的方案。因此，要構造富有實用價值的具體方案，還要進行嚴謹的細節設計。

政策方案的細化是對初步設想的方案進行具體加工，使之成為決策時討論的對象。在進行政策方案的細化時，要做好兩方面的工作：一是對在輪廓設想階段初步提出的方案加以篩選，二是對初步篩選出的方案進行加工細化。

在方案細化的過程中，我們要遵循以下原則：

第一，實用性。設計出來的方案細節，對現實政策問題的解決有實際的價值，能夠確保政策目標的實現。

第二，可操作性。細化設計階段要對保留下來的方案進一步具體化，要對政策方案的目標體系、實施措施、相關機構設置、實施人員的素質要求、政策執行的資源保障等方面進行詳細考慮。具體方案所規定的政策手段、方法和步驟，不是抽象的理想原則，而是具體的、可行的、具有可操作性的方法或程序。

第三，細緻性。如果說大膽尋找階段特別需要勇於創新的精神和豐富的想像力，那麼細化設計階段就需要冷靜的頭腦和堅毅的精神。因為這裡需要反覆的計算，嚴格的論證和細緻的推敲，還需要經得起質疑者的挑剔。

2.4.3.3 論證評估方案

設計出各種政策方案之後，就要對它們進行評估和論證。一般而言，政策方案評估包括價值評估、效果評估、風險評估和可行性評估。其中，可行性評估是重點內容。

（1）價值評估

這主要是對政策方案進行價值分析。它所要解決的主要問題是：為什麼設計這一方案？與政策目標是否一致？為了誰的利益？期望達到什麼樣的效果？優先考慮的問題是什麼？值不值得為這些目標去奮鬥？要對這些問題進行論證和評估，就必須對政策目標產生的背景和現狀進行分析，從而確定其價值所在。

（2）效果評估

這是對一個政策方案將會產生的效果進行預測和分析，來決定該政策方案的取舍的過程。政策效果既包括正面效果，又包括負面效果；既有經濟效果，也有社會效果；既有物質方面的效果，也有精神層面的效果。要對產生的各種效果進行綜合評估、權衡利弊，來選擇那些能產生積極、正面、預期效果的政策方案。

（3）風險評估

不同的政策方案有著不同的風險程度，必須對各個備擇方案風險的強弱程度、防範性措施的準備程度進行預測評估，以選出那些在類似條件下風險相對較小的方案。通過風險識別和預測去衡量風險的程度，對方案的風險成本做出科學的預測。

（4）可行性評估

根據帕頓和薩維奇的觀點，政治可行性、行政可行性、經濟可行性、技術可行性、法律可行性是影響政策目標實現的重要因素。

第一，政治可行性。公共政策形成於政治舞臺，必須接受政治考驗。如果一項政策得不到決策者、政府官員、利益集團或者普通公眾的認可，那麼該政策被採納的可能性就很小。即使被採納了，成功執行的可能性也很小。

第二，行政可行性，也稱行政管理的可操作性。作為政策方案評估的基本標準之一，行政可行性的重要性在於：如果一項政策在技術上、經濟上、政治上都是可行的，但在行政管理上卻不能加以貫徹執行或難以貫徹執行，那麼這項政策的優點就會大打折扣甚至毫無用處。行政可行性的具體標準包括：權威、制定約定、能力、組織支持等。

第三，經濟可行性。經濟可行性包括兩方面的內容：一是某一備擇方案佔有和使用經濟資源的可能性，進而實現政策目標的可能性；二是實施某一備擇方案所花費的成本和取得的收益比較是否劃算。政府的政策資源是有限的，任何政策方案佔有和使用的經濟資源也是有限的。因此，任何一項公共政策都存在一個爭取公共經濟資源的問題。

第四，技術可行性。即從技術的角度衡量公共政策是否能夠實現預期的政策目標。包括兩層含義：一是是否具備實施某項政策方案的技術手段，使政策目標的實現成為可能；二是在現有的技術水平或方法論上實現政策目標的可能性有多大，即在多大程度上實現政策目標。

第五，法律可行性。即政策方案要符合憲法和法律的規定。正如人們常說的那樣，存在的就是合理的，但合理的事情不一定合法。許多具有合理性的方案，事實上並沒有法律的支持。而一旦違反了憲法和法律的規定，就必然是不能採納的。

2.4.3.4 抉擇最優方案

經過政策目標確認、政策方案設計和政策評估論證之後剩下的多個備擇方案，並非都能被決策者一一選中並加以執行。通過系統的分析與評價，決策系統只能選擇或綜合出一種最理想的方案，這個過程就是政策方案的優選或政策方案的抉擇。到這一步，專家的「謀」就基本結束，這一程序需要法律意義上的政策制定者來完成，也就是政府官員或其他政策主體進行「斷」。

當然，政府官員的「斷」也不可能完全離開專家的「謀」，它仍然需要在專家的建議下決斷，做出方案的抉擇。但需要注意的是，此時政策制定者需要以自己特有的敏銳，根據自己的工作經驗和政治體驗，獨立自主地做出判斷，不能為專家左右。因為專家也有其局限性，專家的意見更多是技術性的、理想化的，有時與實際的政治情況也有出入，因此，最後如何決定還是要決策者自己來決斷。

擇優也應該遵循一些要求和標準：①符合國家的總政策和基本政策。在中國，政策方案選擇必須符合憲法和基本法律，符合國家基本政策。②服務於國家進步和社會發展的長遠利益，不能只考慮眼前利益。③政策風險盡可能小，政策收益盡可能大，政策成本應小於收益。④對生態環境沒有惡劣影響和破壞。⑤政策的標的人口能夠不反抗政策，不破壞社會的穩定。⑥政策具有政治、經濟、文化、技術、倫理和社會等可行性。

總之，經過政策抉擇之後，政策制定階段基本結束，但政策方案不能馬上付諸實施，必須經過特定的程序使之獲得合法的地位，這就是政策方案的合法化。我們將在下一節進行詳細講解。

2.5 公共政策合法化

2.5.1 公共政策合法化的內涵

對於「公共政策合法化」這一概念，有廣義和狹義兩個角度去理解。

2.5.1.1 廣義的公共政策合法化

從廣義角度來看，一般認為，能夠被公眾認可、接受、遵從和推行的政策就是具有合法性的政策，而使政策能夠被公眾認可、接受、遵從和推行的過程就是公共政策的合法化過程。公共政策學家查爾斯・O. 瓊斯從廣義的角度來理解，他認為：在任何政治系統中，均存在著兩種層次的政策合法化，第一層次為政治系統取得統治正當性的過程，第二層次為政策取得法定地位的過程。其中，政治系統合法性是公共政策合法性的基礎，公共政策合法性是政治系統合法性的手段。

2.5.1.2 狹義的公共政策合法化

從狹義角度來看，主要偏重於從法律角度來解釋公共政策合法化這一概念，它包括決策主體合法、決策程序合法、政策內容合法等。

（1）決策主體合法。要保證公共政策合法化，其前提是決策主體及其決策權力的合法化。決策主體的組建及其享有的各項權力是憲法和法律規定的，是由國家權力機關或上級行政機關授予的。政府的決策權力在來源方式上根本不同於公民權力，在現代法治政府的構架下，對於前者而言，「法無明文授權，政府不得為之」；對於後者而言，則是「法無明文禁止，人人得而為之」。決策主體依法組建、依法獲得授權，這是公共政策合法化的前提條件。

（2）合法的決策程序。程序之所以重要，主要是因為它是規範決策主體行為的有效途徑。如果沒有程序做保證，公共政策的制定就很有可能演變為隨機性行為，使個人或少數人的意願凌駕於組織目標之上，個人行為代替組織行為，這絕不是什麼好現象。從實質合理的角度而言，我們並不否認政治家能夠做出英明的個人決斷，但如果完全寄希望於決策者個人的英明偉大、道德高尚、行為自律和大公無私，是非常不可靠的，歷史的經驗證明了這一點。所以需要對程序做出必要的規範，使之符合法律的要求，以更完善的形式合理抑制可能產生的實質的不合理。

（3）合法的政策內容

政策內容的合法性主要是指公共政策不能與國家憲法和現行法律相抵觸，公共政策在內容上不僅需要符合有關的法律原則，而且還要符合法律的具體規定。為了做到這一點，不僅需要在決策過程中把備擇方案與相關的法律法規相對照，而且需要充分發揮司法機關的審查作用。必要的話，還應考慮在政策制定過程中建立專門的法律審查程序。

2.5.2 公共政策合法化的程序

公共政策合法化的程序是指政策方案獲得合法地位的步驟、次序和方式。不同的政策方案、不同的合法化主體，往往會導致不同的合法化程序，這也說明了政策合法化的程序具有相對性的特點。

2.5.2.1 立法機關的政策合法化程序

立法機關是國家權力機關，其政策合法化一般有以下程序：

（1）提出議案。議案是各種議事提案的總稱。按照立法機關的議事規則，提出議案的同時不一定要提出法律或政策的具體草案。但政策合法化是將已經通過政策規劃而獲得的政策方案提交立法機關審議批准，因此，提出議案的同時也就提出了相應的政策方案。

（2）審議議案。議案審議即由權力機關對議案運用審議權，決定其是否列入議事日程，是否需要修改以及如何進行修改的專門活動。對列入議事日程的政策方案的審議，主要圍繞下列內容展開：是否符合政治、經濟、文化和社會發展等的需要；是否具有必要性和可行性；是否符合法律和公共利益；徵詢和協調有關方面的意見和利益；名稱、體系、邏輯結構、語言表述等具體問題。

（3）表決和通過議案。經過表決，政策方案如果獲得法定數目以上人員的讚同、同意、肯定，即為通過。議案一般採取過半數通過原則，有關憲法的議案一般要三分之二以上的絕大多數通過。有些國家在某些情況下，對議案還要進行全民公決。

（4）公布政策。政策方案表決通過後，有的還需要經過其他機關或其他形式的批准、認可後，才成為正式的公共政策。但此時的政策還不能立即執行，還得經過公布程序。公布權不一定都屬於立法機關或權力機關，如在多數國家，法律由國家元首公布。

2.5.2.2 行政機關的政策合法化程序

行政機關政策合法化程序與政府決策的領導體制緊密相連。領導機制的不同往往導致政策合法化程序的差異。中國1982年憲法明確規定，從中央到地方的各級行政機關實行首長負責制。在此體制下，中國行政機關的政策合法化要經過下列程序：

（1）法制工作機構的審查。目前，中國縣級以上各級人民政府都設置了專門的法制工作機構，其重要職責之一是審查政策方案的合法性。相關行政部門擬定政策方案後，一般先由法制工作機構審查，通過後再報領導審批或領導會議討論決定。法制工作機構對政策方案進行審查具有重要意義，它可以保證政策符合法律的要求，不會與現行法律發生衝突。但法制工作機構的審查只是輔助性的、諮詢性的。

（2）領導決策會議決定。一般性的政策方案由主管部門的行政領導拍板後決定；重大的政策方案則要召開領導常務會議、全體會議或行政首長辦公會議討論，由行政首長行使最後的決定權。中國不採取委員制的一人一票的少數服從多數的辦法，而是大家暢所欲言，集思廣益，充分發揮集團智慧的作用，對於應該做出決定的問題，由行政首長最終決定。

（3）行政首長簽署發布政策。行政首長負責制的主要內容是，行政首長在各級政府機關中處於核心位置，擁有最高決策權和領導權。本級政府制定的政策，由行政首長簽署發布；根據規定需要上報審批的政策，則應上報審批後發布。

2.5.3 公共政策法律化

政策法律化，就是政策向法律的轉化。具體地講，是指享有立法權的國家機關依照立法程序和權限，把一些經過實踐檢驗的、比較成熟和穩定的、能夠在較長時間內發揮作用的公共政策上升為法律。政策法律化實際上是一種立法活動，所以又被稱為政策立法。

政策法律化的主體有兩類：一是享有立法權的立法機關，二是享有委託立法權的行政機關。

政策法律化應具備以下條件：

對全局有重大影響的政策可以上升為法律，使之納入法制軌道，以更好地保障其作用的實現。

具有長期穩定性的政策可以上升為法律。法律是穩定、嚴肅和具有權威性的，不能朝令夕改。

只有比較成功的政策才能上升為法律。一般性的政策與法律相比，對客觀需要的反應更為靈敏，具有較強的伸縮性和靈活性，易於在實踐中不斷修改和完善；而法律是剛性的，相對規範，其制定、修改、補充或廢止都有經過嚴格的程序。法律的穩定性與政策的靈活性決定了一般性的政策只有經實踐反覆檢驗與不斷修正，被實踐證明是行之有效的時候，才具備上升為法律的條件。

3 公共政策的執行分析

3.1 公共政策執行的理論研究

從政策過程的觀點來看，政策方案一旦經過合法化並公布之後，就進入了執行階段。政策執行作為政策過程的中間環節，是將政策目標轉化為政策現實的唯一途徑，由此可見政策執行的重要性。在對政策執行進入分析之前，我們首先探討了學術界對公共政策執行的理論研究情況，在此基礎上，在以後幾個小節中進行全面的政策執行分析。

3.1.1 公共政策執行研究的緣起

公共政策執行是政策過程的重要環節，是實現政策目標和解決政策問題的直接途徑。然而，在過去西方政策學發展的相當長的一段時間裡，政策執行並沒有引起政策學家們的注意，人們更多地關注政策的制定而忽略了政策的實際執行。政策科學被認為是研究政策制定的科學，人們片面地認為制定政策是解決政策問題的關鍵。用美國學者岡恩的話來說就是：傳統的政策分析只關注政策形成，而將政策執行留給了行政人員。人們通常將政策執行看作是政策過程中一個不重要的環節，認為只要政策一出抬，就會理所當然地得到貫徹執行而取得理想中的效果。

直到20世紀70年代，美國學術界開始對忽視政策執行的現實進行反思，在政策執行研究的開山鼻祖威爾達夫斯基和普雷斯曼等人的倡導下，西方尤其是美國公共政策研究領域出現了一股政策執行研究的熱潮，形成了聲勢浩大的「政策執行運動」。

但政策執行研究的興起並非偶然。從實踐上看，20世紀60年代中期，約翰遜連任總統後發起了「偉大社會」改革，試圖通過一系列重要計劃項目的實施，給少數民族（尤其是黑人）提供更多的永久性職業，然而事與願違。約翰遜政府所推動的「偉大社會」改革計劃的許多項目都沒有取得預期的結果。這不僅產生了政府的信任危機，也造成了民眾對政府政策制定與執行的有效性的質疑。人們（尤其是政策研究者）開始思考這樣一些問題：為何那些龐大的、看起來具有美好前景的計劃不能取得預期的令人滿意的結果？為何政策設想與現實結果之間會產生如此巨大的反差？

普雷斯曼和威爾達夫斯基通過對項目之一「奧克蘭計劃」的執行進行跟蹤研究，於1973年合作出版了《執行：聯邦政府的期望在奧克蘭市的破滅》一書。他們指出，「奧克蘭計劃」的失敗並非是這一公共政策的內容有政治上的爭議，也不是由於資金的不足，而在於這一政策的執行方式存在著問題，尤其是「聯合行動」的困難。他們進一步指出，要想使政策科學成為行動的科學而不僅僅是理論科學，就必須重視政策執行問題，不僅要重視政策執行本身，而且應當在政策執行與政策制定之間建立起密切的聯繫。正是這本以政策執行為主題，並進行全面案例跟蹤研究的開創性著作的出版，使政策研究領域產生了一個重大的轉向，它引發了更多學者對政策執行的關注與興趣，以至於形成新的熱潮。

除上述的實踐原因以外，西方政策執行研究的興起還有其深刻的理論背景。西方傳統公共行政理論堅持行政活動與政治活動相分離，認為執行是政治活動與決策的後繼。古德諾、威爾遜等人把政治視為國家法律與公共政策的制定領域，而把行政視為法律與政策的執行領域，強調行政人員要恪守「價值中立」原則，不干預政治事務。在「價值中立」口號下，行政人員日益失去對自身工作的責任感，缺乏應有的主動性和積極性，因為任何個人都無需對公共行政活動真正負責。在傳統公共行政範式的影響下，行政人員的政策執行自然不可能受到重視。20世紀60年代以伊斯頓、達爾等為代表的後行為主義政治學家向行為主義發起挑戰，強調政治活動的價值取向，倡導民主主義。隨後，以弗雷德里克森為首的一批青年行政學者掀起了一場行政管理的改革運動，提出「新公共行政學」概念，拋棄政治—行政二分法的觀點，強調社會公平原則，主張政府官員應放棄表明的中立，致力於保護並促進社會中無特權群體的利益。分權、權力下放、項目、政治發展、責任擴大、衝突和顧客至上成了新公共行政學發現組織問題的一些基本概念。公共管理論者則強調有效的政府績效，認為除了政策分析和制定以外，更重要的是需要經過政策執行過程訓練的公共管理人員在行政組織的各個層次進行有效的政策執行。這樣，公共管理的重心由政策規劃及分析轉到了「政策執行的管理」。公共管理研究範式的轉換和公共政策科學研究視野的拓寬，在理論上要求對政策系統和政策過程的各種因素和環節做全面深入的研究。

最終，在理論和實踐的雙重作用下，政策執行在20世紀70年代後成為美國及西方政策科學研究的一個焦點和熱門話題。這一時期的政策研究學者們做了大量的實證案例分析，出版了大量著作，提出了各種關於政策執行研究的途徑、理論和模型，拓展了政策科學的研究範圍，豐富了政策科學的研究內容。

3.1.2　公共政策執行研究的基本途徑

縱觀西方「執行運動」持續的這些年裡政策科學家們寫出的大量的關於執行研究的文獻，其所提出的政策執行研究的途徑主要有以下幾種：

3.1.2.1　自上而下的途徑

自上而下的研究途徑是政策執行研究的第一代，從本質上仍然是循著以前的老路子，即儘管開始了對執行的關注，但心中卻圍繞著「如何能讓一個好的政策得到完美的落實」，所以它對執行的關注仍然是以制定為中心，即執行只不過是使「制定出」的政策得以落實，因此這一時期的主要特點是「政策制定與執行的分離」。自上而下模式的關注點在於如何控製和管理政策執行者以保證政策準確無誤地被執行，以及政策執行組織的內外情境是否影響了達到「完美行政」的狀態。

自上而下的研究途徑也存在著一些固有的缺陷：研究以完美的政策制定為前提，但在現實的政策實踐中，完美的政策制定是很難實現的；同時，行政組織對政策執行官員的嚴格控製是不可能的，自由裁量不可避免。而最大的局限在於政策制定與政策執行的理論區分，在執行過程中無法維持，因為政策是在執行的實際過程中被不斷修正的，政策的制定過程常常是在執行過程中得到延續。

3.1.2.2 自下而上的途徑

自上而下的研究因其固有的缺陷而受到許多學者的批判，人們將研究的目光從中央政策的制定轉向了政策執行過程中基層行動者的活動，開始了政策執行的第二代研究，形成了自下而上的研究途徑。自下而上的研究是以行動為中心的研究，強調政策制定與執行的互動，關注基層的政策執行過程，被稱為「草根途徑」，傾向於把政策制定與執行看作是一個連續的統一體。有關的主體並不是單純地接受和執行政策，相反，他們會對政策進行解釋，並對政策進行再創造，甚至有些政策的變化本身就是執行者與制定者之間「合作生產」的結果。自下而上的研究途徑關注兩點：基層官僚的作用和執行結構中的多元主體互動。

自下而上政策執行研究以對自上而下研究取向的批判為起點，以克服和修正其內在缺陷為己任，通過政策制定者與政策執行者平行互動的合作關係的建構，在動態意義上推進了政策執行的研究；通過強調為基層官僚或地方執行機構提供一個自主的政策執行空間，重新建構更為有效的政策執行過程；通過對政策執行過程中各種利害關係人的研究來瞭解他們對政策執行的影響。但是，自下而上的政策執行研究同樣存在著不足：過分強調或高估了地方基礎的目標、策略與行動能力，忽略了民主政治系統中政策領導和政治責任的歸屬問題；將政策過程視為一個無縫之網，因而沒有決策點，沒有始終。同時，由於放棄了政策形成與執行的二分法，使人們很難區分政治家與文官的相對影響，故而排除了進一步分析民主負責和官員自由裁量這個問題的可能性。

3.1.2.3 整合研究途徑

自上而下和自下而上兩種研究途徑各有利弊，兩者的針鋒相對在相當程度上是由於各自為了證明自己的觀點而將對方視為假想敵，卻忽視了兩者之間所存在的相輔相成的性質，結果使雙方的研究都無法跳出狹隘的視域而向前推進。

自20世紀80年代中期起，一些學者開始理性地分析和對待先前的研究，努力將這兩種不同的研究取向進行整合，以期在政策執行的研究領域有所突破。至此，政策執行的研究進入了第三代，即整合型研究階段。

從嚴格意義上講，整合型研究至今尚未形成較為完備統一的體系，存在著眾多的分支。但這種整合已成為一種潮流或趨勢，表現在：①對自上而下和自下而上的研究成果達成了共識，在肯定其成果的同時也清楚地認識到了兩者的局限；②在研究方法和理論工具等方面更具多樣性。大規模研究、府際關係、治理理論、政策網路、制度分析、理性選擇、統計和計量方法等被廣泛使用，有助於對政策執行問題的綜合考量；③許多原先持自上而下或自下而上研究取向的學者也紛紛重新審視自己原來的研究，並吸納其他理論的合理要素，對自己的理論進行修正。

第三代的整合型政策模式正在發展中，儘管它們有「整合」的傾向，但在理論關注點上卻存在著較大差異。事實上，有學者反而認為自上而下的模式與自下而上的模式完全可以並行不悖，形成互補的關係，沒有必要也很難建立起整合型的執行模式。

總而言之，西方政策執行研究的興起與發展，將人們長期忽視的政策執行環節納入了政策科學的視野，拓展了政策科學的研究範圍；他們從不同的途徑，依據不同的取向探討政策過程，提出了種種新的模式和理論，極大地豐富了政策科學的內容；對影響政策有效執行的各項因素及其相互關係的系統分析，為政策實踐提供了強有力的理論支撐和智力支持，提升了政策績效。不過，從政策實踐的角度看，政策執行失敗依然是世界各國政府揮之不去的困擾之一，這就對理論的深化與發展提出了迫切的要求。

3.2 公共政策執行概述

3.2.1 公共政策執行的概念

政策執行是公共政策過程中的實踐環節，就是將已經制定好的政策方案的內容付諸實踐的過程，是政策執行主體為達到預期的政策目標所做出的全部活動的總和。

對於政策執行的含義，政策學家們從不同的角度作了界定，長期以來學術界形成了行動理論、組織理論和博弈理論三大流派，它們分別從三個不同角度和側面對政策執行進行了描述。

3.2.1.1 行動理論學派

行動學派的主要代表人物查爾斯・奧・瓊斯認為：「政策執行是將一項政策付諸實施的各項活動，在諸多活動中，尤其以解釋、組織和實施三者最為重要。所謂解釋就是將政策的內容轉化為民眾所能接受和理解的指令；所謂組織就是指建立政策執行機構，擬定執行的辦法，從而實現政策目標；所謂實施就是由執行機關提供例行的服務與設備，支付經費，從而完成既定的政策目標。」可見，行動學派關注政策作為行動指南的指導性作用，強調政策執行的關鍵問題在於政策執行機關如何採取政策行動，強調政策行動只要堅強有力，行動方法切實可行，就可以較為順利地實現政策目標。合理的政策執行活動甚至在一定程度上可以彌補政策決定的局限和無能。

3.2.1.2 組織理論學派

組織理論學派強調政策執行組織機構的作用，認為任何政策都是通過一定的組織得以實施的。沒有一定的組織機構做依託，沒有一定的組織原則做保證，任何政策目標都只能停留在紙上談兵的政策構想階段。因此，該理論認為，儘管政策執行不力的原因是多方面的，但政策組織問題是恒定的關鍵原因之一。組織理論學派的代表人物J. 福瑞斯特提出：「傳統的政策執行規範理論強調政策執行機構及其人員對政策目標及政策規定的順應行為，強調依法行政，而基本上不考慮政策執行機關及其人員的審視檢定、自省以及前瞻性分析的能力和需求。但政策規劃者、政策執行機構和人員的預期分析能力，即在危機事件或事態發生之前預感並相應採取適當步驟和程序加以有效對付的能力，實際上是對政策執行成功與否起最關鍵作用的因素。」組織理論學派認為，政策能否有效執行，關鍵在於執行機構的主客觀條件。主觀上要看能否理解和領會政策，是否具有執行的積極性；客觀上要看是否擁有足夠的資源，是否擁有足夠的執行能力。

3.2.1.3 博弈理論學派

博弈理論認為，公共政策的本質是運用權威性的規範對社會利益進行協調，因此公共政策執行過程就是政策執行主體與政策目標群體在相互作用中對利益加以選擇、追逐、交易和談判的過程。在此基礎上，博弈理論的代表人物 E. 巴特什認為，公共政策執行的核心在於控製，整個執行過程是在議價、勸服和策劃這三種不穩定的條件下進行的。他把公共政策執行看作一種賽局，它包括競賽者（公共政策執行人員和相關人員）、利害關係、策略與戰術、競賽的規範（取勝的條件）、公平競賽的規則、競賽者之間的信息溝通性質和所得結果的不穩定性程度等要素。而公共政策執行的成功，取決於參加者的策略選擇。

這種觀點是將公共政策執行看作是一種交易過程，政策執行過程就是政治上討價還價的過程。在政策執行中，政策制定者、政策執行者、目標群體之間需要經過一系列的政治交易。各種力量在互動中達成某種妥協、退讓、默契。在政治交易的情況下，公共政策的目標與方案的重要性與可靠性都要大打折扣。因為政策目標和方案原先是以政策制定者和政策執行者都講究理性為假設條件確定下來的。一旦在實際執行中出現了政治交易，目標與方案就會出現某種程度的曲解。

上面三種對公共政策執行含義的理解都有其片面的地方，但也有合理之處，我們需要將這三者結合起來考慮。因此，我們認為，公共政策執行應當是政策執行者有選擇的、有組織的、複雜的行動過程。政策實施中的有選擇性表明，政策執行既與執行者的能動性有關，也是基於利益的選擇。政策執行的有組織性表明，政策實施必須要有專門負責的組織來負責，政策執行必須有序進行。政策執行的能動性表明，政策實施既是政策規範運用於實踐的過程，也是一個精心操作的過程。

3.2.2 公共政策執行的特點

作為政策過程的一個重要階段，政策執行不僅表現了政策過程各個階段所具有的共性，而且還具有其自身的特殊性。具體而言，政策執行主要有以下幾個特點：

3.2.2.1 目標性

政策執行的一切活動和全部過程都是為了實現政策目標，具有明確的目標性。執行者無論採取什麼樣的具體方式和手段，都必須為實現特定的政策目標服務。政策目標具有規定性和統一性，除了實踐證明政策目標有重大失誤，必須通過追蹤決策予以修正以外，一般而言，政策執行主體均無權隨意改變政策目標，自行其是；否則，將導致政策運行過程和社會生活出現重大紊亂。

3.2.2.2 經常性

公共政策執行是國家行政機關及其行政人員的日常大量的活動，是一項經常性的繁重工作。絕大多數公共政策執行不是一蹴而就的，而是多次的反覆，有些常規性的決策還得常年重複或階段性重複執行。這也是政策執行不同於政策制定的地方。

3.2.2.3 務實性

政策執行是一種實施性質的活動，其實質在於解決各種具體問題，是實踐性、服務性的活動。執行過程中的組織、協調、溝通、控製等一系列前後密切銜接的環節，都涉及人力、物力、財力和信息的調配與落實，需要採取必要的行動來落實，空談是不能解決問題的。

3.2.2.4 強制性

公共政策的制定是以法律法規為依據的，具有強制力。因此，要求政策執行應不折不扣，不準討價還價，不準依興趣愛好而有選擇地執行。當然，由於政策環境的複雜性和客觀條件的多變性，政策執行需要審時度勢，因地、因時制宜，因勢利導；具體問題具體分析，靈活實現公共政策；注意強制性與靈活性相結合。

3.2.2.5 時效性

行政執行有很強的時限要求，行政執行必須做到果斷、快速、高效、及時，保證行政執行的高效率。這就意味著對隨意性的限制和對權力的制約。政策執行的時限性克服和防止了政策執行主體行為的隨意性和隨機性，為這些行為提供了外在標準，使之不能任意妄為。同時，政策執行的時效性為政策參與者提供了統一化、標準化的時間標準，克服了行為的個別化和非規範化，從而使政策執行行為在時間上連貫和銜接，避免行為各環節的中斷。

3.2.3 公共政策執行的原則

政策是否成功與有效，在很大程度上取決於是否有科學的執行，而科學的執行又離不開正確的原則指導，主要表現在：

3.2.3.1 嚴肅與變通相結合原則

一方面，政策是由法定機關制定的規範人們行為的準則，必須認真、全面、堅定不移地貫徹執行，而不允許打折扣、借故拖延，或採取「上有政策，下有對策」的那套陽奉陰違的做法，特別是其精神實質、要求和目的都不得隨意改變。在政策實施過程中，如果發現某些政策規定有明顯不適當的地方，應通過正常渠道向上反應，但在未徵得上級機關同意的時候，任何組織或個人均無權拒絕貫徹執行已經下達的政策內容。

另一方面，政策執行往往是長期和連續的過程，在這期間環境可能發生變化，一些新情況和新問題會出現，對此只有靈活地、適時地、正確地加以應付和處理，才能使政策方案順利實施、目標順利實現。所以，無條件地、絕對地只講嚴肅而不講變通也是片面的，儘管變通地執行政策不等同於替換或曲解原定的政策。

3.2.3.2 強制與宣傳相結合

政策的強制性是由政策的本性決定的。凡是公共政策，無論是中央制定的，還是地方與基層政府制定的，其制定的主體和合法性的主體都是握有公共權力的政府機構。公共權力是具有強制性的權力，運用公共權力制定和實施的政策自然也就具有了強制性。但是，公共政策說到底是為了解決社會問題，是為了協調公眾利益。公共政策的制定要依靠公眾的參與，政策的實施也要充分依靠公眾的積極參與。因此，在強調執行政策中的強制性這一方面時，還必須強調說服教育的原則。儘管政府制定的公共政策是為公眾服務的，但是，就個人來說，人們未必能自發地認識政策的實質，從而也未必能夠自覺地擁護政策。要讓公眾都能理解政策，並積極貫徹政策，就必須做好說服教育工作，讓公眾從個人、小團體的狹隘圈子中跳出來，認識政府制定和貫徹的科學性。合理性的政策是為大多數公眾的根本利益、長遠利益服務的，這樣公眾才能自覺維護政策，積極貫徹政策。

3.2.3.3 求實與創新相結合

政策執行應當講究實際，要求執行機關和人員從具體環境、可能條件、可得資源和各種現實技術手段出發，循序漸進、量力而行，而不是好高騖遠、求全貪快。另外，還要從政策過程中的規律出發，處理好政策實施中的宣傳、計劃、調整、評估、終止等各個環節、步驟的關係。但是，實事求是的執行政策不等於無所作為。在執行政策過程中提倡創新，就是要將舊狀態、舊政策與新政策、新局面加以對照，以新的精神面貌去思考問題，以新的思路、新的措施去理解政策，並以創造性的方法去爭取有利條件，克服不利條件，以保證政策落到實處。正如黨的十二屆三中全會通過的《中共中央關於經濟體制改革的決定》中指出的那樣：要解放思想，實事求是，一切從實際出發，把黨的方針政策同各地區、各部門、各單位的實際情況密切結合起來，創造性地貫徹執行。

3.2.3.4 效率與效益相結合

現代社會，政策問題和政策環境都在不斷變化和發展，因此政策也大多具有很強的季節性和時效性，這就要求執行機關在政策方案被採納後盡快理解政策內容，迅速組織人員和物資，並及時行動。如果政策執行超過必要的時限或錯過相應的時機，就可能使政策問題擴散和惡化，從而給國家、社會和人民帶來損失。與此同時，政策執行還應注重經濟和社會效益，要盡可能地給國民經濟的發展帶來有利的影響，給社會公眾帶來實際利益。政策執行時必須進行成本—效益分析，盡可能減少政策執行成本，提高公共服務水平和公共產品供給的質量和效率，從而提高政策執行效益。然而，執行時的高效率並不能自動帶來高效益，視不同問題和目標，執行的方式和過程應有變化。也就是說，擴大效益不能一味圖快，只有效率與效益相結合才是可取的做法。

3.2.3.5 民主原則

公共政策是對社會資源的權威性分配，反應的是大多數公民的利益訴求，因此政策執行必須堅持民主原則。這就要求：第一，政策執行的各種行為必須符合人民群眾的意願，切實做到以關心群眾生活、解決社會問題為根本要求。第二，政策執行必須堅持公民參與。公民參與主要是指人民依據國家憲制所賦予的權利，採取一定方式和途徑，積極主動地介入政策執行過程，從而影響政策執行的政治行為。第三，政策執行必須維護公民知情權，堅持政務公開，即公開政策執行的政策信息、執行程序、執行方式和執行結果，使公民能及時、具體地瞭解政策執行的各種情況，加強公民對政策執行的有效監督。第四，政策執行面對的是廣大人民群眾，其宗旨是為人民謀福利，實現社會公正。執行公正是執行主體責任與義務相統一的體現。

3.2.3.6 法治原則

政策執行堅持法治原則，有利於實現政策執行的法律化、制度化和規範化。政策執行必須依法定職權進行，遵守法定程序，並自覺接受法律、法規和政策的約束並依法承擔執行責任，杜絕政策執行中的有法不依、執法不嚴、以權壓人、人治代替法治等現象，從而防止政策執行權力的異化和腐敗。法治原則的另一層含義，就是越權無效。即政策執行主體不能在職權範圍以外行事，否則無效。這是對「執法守法」的反證。

3.2.4 公共政策執行的重要性和作用

3.2.4.1 公共政策執行在政策過程中的重要性

政策系統的運行是由政策制定、政策執行、政策評估等環節所組成的過程，這些環節構成了一個政策週期。公共政策目標的實現既依賴於正確的公共政策，更有賴於公共政策的有效執行，因此，政策執行在政策過程中處於十分關鍵的地位，只有政策得到了有效執行，政策目標才能夠實現，否則，再好的政策也毫無意義。

公共政策執行的重要性從靜態角度看，制定政策是為了解決一定的公共問題，如果沒有政策執行，或者政策執行不當或不力，政策目標就只能是紙上談兵，難以解決原有的公共問題，甚至可能使問題惡化。因此，只有政策完全或較好地執行，才能較好地實現預期目標。同時，與制定政策相似，政策執行同樣是一個有自身結構、有一定模型、有一定程序，也有一定困難的過程。所以，從某種程度上講，政策執行的重要性並不亞於政策制定的重要性，兩者相輔相成。

公共政策執行的重要性還體現在實踐的動態方面。首先，由於從制定政策到執行政策之間存在著一定的時間差，執行政策時的環境、條件與制定政策時的環境、條件相比會不斷發生變化，這必然給政策的執行帶來困難。其次，政策制定階段所擬訂的方案、計劃，雖然經過反覆論證，甚至經過一定範圍的試驗，但一旦進入大規模的政策執行階段，原先潛在的問題、未預料到的問題就會漸漸顯露出來，這必將給政策執行造成困難。最後，在政策執行過程中，公眾、團體、政府部門會因為認識上的、實際利益上的差異而產生種種矛盾，甚至是衝突，也會造成政策執行的困難。所有這些都會使政策執行與政策制定脫節，甚至在執行過程中發生嚴重變形的情況。

3.2.4.2 公共政策執行在政策過程中的地位與作用

首先，政策執行是實現政策目標的中心環節。政策執行決定著政策方案能否實現及實現的程度，是解決政策問題的關鍵。政策的主要目的不是研究問題而是解決問題，政策制定主要是研究政策問題的過程，只有政策執行才是直接地、實際地、具體地解決問題的過程。及時正確地將政策付諸實施，公共政策才具有實際意義。如果沒有政策執行，政策目標就只能是紙上談兵，而政策目標不能實現，政策也就失去了自身的價值。束之高閣的話政策再好也沒有實際意義，政策只有通過執行，才能轉化為現實，才能體現出它的實際價值。而且執行人員的創造性活動可以彌補規劃、決策的不足，提高決策的經濟和社會效益。

其次，政策執行是檢驗公共政策質量的重要標準。公共政策經過程序化的邏輯推理和理論預設之後，無論其構建多麼完善，都屬於主觀認識範疇。一項政策正確與否、質量高低最終必須由實踐來檢驗，也就是必須通過執行這個重要途徑來檢驗。政策目標只有在執行過程中得到完滿實現，才能證明原政策是正確的。通過執行政策，能夠發現原政策本身的錯誤和不足，進而根據實際的發展來進一步完善政策，以促進政策質量的提高。正是從這個意義上說，政策執行是檢驗政策質量的重要標準。

最後，政策執行是後繼政策制定的重要依據。這裡的「後繼政策」有兩層含義：一是指對原有政策的修正和補充，也就是通常所說的追蹤決策；二是指制定新的政策。就第一層含義而言，任何政策都不可能一經制定就盡善盡美，政策本身需要在貫徹執行過程中不斷修正、補充、完善和發展；就第二層含義而言，任何正確的政策都有「生命週期」。超過了一定的時空範圍，政策所要達到的目標已經實現，那麼，這個政策就失去效用或完成了它的使命，就要被新的政策所代替。制定新的政策要用前一項政策實施後反饋回來的信息為依據，要在前一項政策後果的基礎上來制定新的政策。因此，政策執行是後繼政策制定的重要依據。

3.3 公共政策執行的過程與手段

3.3.1 公共政策執行的過程

一般來說，政策執行過程包括三個階段：一是政策執行的準備階段，包括進行政策宣傳、加強政策認知、制訂執行計劃、進行物質準備和做好組織準備等活動環節；二是政策執行的實施階段，包括政策試驗、全面推廣、指揮協調和監督控製等活動環節；三是政策執行的總結階段，包括政策執行效果評估、追蹤決策等活動環節。

3.3.1.1 政策執行的準備階段

正所謂「良好的開端是成功的一半」「軍馬未動，糧草先行」，這些都說明了充分準備的重要性。政策執行的準備階段是政策執行的開端，政策執行首先要做好充分的準備工作，有備無患。

(1) 學習宣傳政策，加強政策認知。

要正確執行政策，就必須加強政策認知；要加強政策認知，就必須進行政策學習和宣傳。政策學習和宣傳是政策執行的起始步驟。學習主要是對於政策執行者而言，宣傳則主要針對政策對象而言。因此，可以從兩個角度去理解「學習和宣傳」。

一方面，是政策執行者對政策的學習和掌握。要正確貫徹執行政策，執行主體首先必須認真學習和深刻理解政策。政策執行主體應該深刻領會政策的精神實質、內在機理和外部關係：理解政策的精神實質，即要理解政策的指導思想、最高目標和遠期目標；理解政策的內在機理，即要把握政策的界限、原則、對象、內容、措施等。同時，還要認真研究和把握政策的時效、利益群體的結構與特點、政策的一般條件和特殊條件、政策的措施與步驟、與下級的權責關係等。使全體執行主體統一思想，減少政策執行的阻力，通過執行效率，為實現共同的政策目標而努力工作。

另一方面，是政策對象對政策的認知與理解。政策執行離不開對政策信息的宣布和散播，因為政策的有效執行絕不是執行者一廂情願的事情，它是以作為政策目標群體的廣大民眾對所推行政策的認同和接受為前提的，而這種認同和接受又是以其對政策的準確認知為基礎的。通過各種形式的政策宣傳可以在更大範圍使廣大政策目標群體充分認識到所推行政策與他們切身利益之間的緊密關係，使他們認同並自覺自願地積極接受政策，從而為政策的有效執行奠定堅實的基礎。所以政策執行者在執行過程中除了要通過組織學習和拓展知識結構等途徑來提高自己的政策認知水平外，還要通過政策宣傳來促進政策目標群體對所推行政策的認知和認同。

在政策執行過程中，政策學習和宣傳有如下作用：

首先，加強政策學習，有助於提高政策執行者的政策認知。政策執行是以政策執行者對所推行政策的認知和認同為前提條件的，只有執行者對公共政策的意義、目標、內容以及政策執行的原則、方法、步驟有了明確的認識和充分的瞭解以後，才能積極主動地執行政策。因此，通過多種形式的政策學習，可以使執行者認真領會和深刻理解公共政策的精神實質、內在規定和外部環境，從而強化政策認知與認同，為高效的政策執行奠定統一的思想基礎。

其次，加強政策宣傳，有助於提高目標群體的政策認知。政策對象只有知曉了政策，才能理解政策；只有理解了政策，才能自覺地接受和服從政策。多渠道、多形式的政策宣傳的目的在於：當政策規定能夠滿足目標群體的利益需求時，政策宣傳能夠加強目標群體的政策認知，動員人們努力去實施政策；而當政策總體上符合目標群體的根本利益和長遠利益，但要求人們對眼前利益和固有觀念進行適當調整和改變時，政策宣傳就要說服、教育人們從大局和長遠利益出發，正確對待和適應公共政策對社會利益關係的調整，從而為高效的政策執行營造良好的輿論環境。

(2) 制定政策執行計劃。

一般來說，一項公共政策的推出，往往是從宏觀、戰略的角度規定實現政策目標的基本方向，面向整體，著眼長遠，具有抽象性、原則性、籠統性和模糊性的特徵，因而未必能與實際情況完全契合，導致可操作性相對不足。因此，政策執行機構需要在調查研究的基礎上，對政策規定加以具體化，對總體目標進行分解，制訂出具體可行的政策執行計劃。

制訂政策執行計劃時，需要遵循下列原則：

第一，客觀原則。制訂政策執行計劃要實事求是，有的放矢，切實可行，客觀可靠，排除主觀臆斷；執行計劃的各項分目標，不保守也不冒進，不是唾手可得也非高不可攀；對有關人力、財力、物力等各種資源和條件，必須做到心中有數，量入為出，量體裁衣，不可含糊籠統、自不量力、好大喜功、脫離實際。

第二，彈性原則。制訂政策執行計劃一定要留有餘地。計劃不可做得太滿太死，要充分考慮在政策實施中，政策的環境會發生變化，機構與人員也會出現變動，特別是會存在一些未知和不確定的因素。計劃保持一定的彈性，在政策執行中，才能進退自如。

第三，統籌原則。制訂政策執行計劃要求能夠統籌方方面面，理順各種關係，實現長期目標與近期目標統一、上級目標與下級目標統一、經濟目標與社會目標統一，切忌顧此失彼，前後矛盾，相互衝突，做到計劃前後銜接、全局與重點均衡、公平與效率兼顧。

(3) 做好相關組織準備。

組織準備主要是指機構的設置和人員的配備。眾所周知公共政策是要由一定的人員和機構來執行的，政策頒布之後首先要做的事情就是組建相關的政策執行機構，配備必要的政策執行人員。組織準備工作是政策執行的保障機制，組織是公共政策執行的主要力量和責任承擔者。沒有有效的組織形式和機制，不論如何科學的政策都不可能落實到實處。

組織準備一般包括三個方面的工作：

一是確定或組建政策執行機構。這是組織準備中的首要任務。通常情況下，常規性、例行性政策的執行，現行的行政組織可承擔執行任務，不必另建機構。在特殊情況下，如果遇到非常規性或者是緊急而重大的牽涉面較廣的政策，可採取賦予某一機構特殊地位，或以各部門協調人員組成臨時機構並賦予其特殊權力，但應在政策目標實現後及時撤銷。執行機構的確定應該做到設置完備，權責明確，分工合理，界限清晰，防止出現爭功諉過、互相扯皮的混亂現象。執行機構的設置還要有良好的溝通協調機制，能與外界環境的輸入輸出保持暢通和密切的關係。

二是選拔和配備能勝任工作的人員。選人用人是組織準備工作中的一項重要內容。因為人是組織中最能動、最活躍的因素，是組織行為的主體。對政策執行者的素質來說，要求具有專業管理方面的知識技術和實踐經驗，具有較強的政策理解能力以及溝通、協調能力；同時，要善於用人，做到人盡其才；具有寬廣的胸懷，善於處理人際關係；講求工作效率，善於從實際出發，採取機動靈活、與時俱進的方式、方法，有步驟、有次序地實施政策。需要強調的是組織內部人員的年齡、專業、能力、素質等結構要配置合理，要有利於形成團結向上的、凝聚力強的學習型組織文化，建立團隊合作型的執行機構。

三是制定科學嚴密的管理制度。有效的制度準備能使政策執行保持領導統一、計劃統一、指揮統一和行為統一。做到有章可循、規範管理。這些管理制度主要有目標責任制度、檢查監督制度、獎懲制度和組織紀律、職業道德、行為規範等。

(4) 做好物質準備。

任何一項公共政策的實施總是需要一定的財力、物力作為基本保障，僅有執行政策的權威和主要工作人員的承諾是不夠的，充足的裝備、物資設備以及其他的支持設施也是必需的。因此，充分做好政策執行的物質準備，也是政策執行準備階段必不可少的一項內容。這裡的物質準備主要是指政策執行所必需的經費（財力）和必要的設備（物力）兩個方面的準備。

首先，執行者應根據政策執行活動中的各項開支項目和數量，本著既能保證執行活動正常開展，又堅持勤儉節約原則編制預算。預算必須報有關部門批准後，才能執行，才算落實了政策實施的活動經費。

其次，要做好必要的設施準備，如交通工具、通信聯絡、技術設備、辦公用品等。隨著現代科學技術的發展，政府管理與政策執行所使用的各類設施已經有了很大的發展，這些現代化設備，為政策執行活動的順利開展提供了良好的物質條件。

3.3.1.2 政策執行的實施階段

政策執行的實施階段是實現政策目標、提高政策效益的關鍵環節。它包括政策試驗、政策全面推廣、指揮協調和監督控製等內容。

（1）政策試驗。

政策試驗是一項新政策在正式推廣之前，根據政策目標群體和政策適用範圍的實際情況，選擇具有代表性的局部地區、範圍或群體，使用較少的成本和較短的時間，試行政策的辦法。

政策試驗是政策執行過程的必要環節，是政策得以全面推行的基礎。政策試驗對於政策執行的必要性體現在：一方面，政策試驗有利於減少公共政策執行風險。由於政策執行的條件相對不夠成熟，準備可能不完全充分，政策計劃的設定也不可能十全十美，政策信息的非對稱性以及政策執行主體對政策的整個過程和結果缺乏準確的洞察力，因而政策方案的全面推開面臨著一定的風險。政策試驗利用有限的政策資源做出局部性、臨時性判斷，能相對減少政策執行的風險。由於政策資源投入不多，即使試驗全部失敗，造成的損失也遠遠低於全面推行所造成的損失。另一方面，政策試驗有利於降低政策執行成本。政策試驗有利於檢驗政策的可行性和有效性，可以及時修改和完善政策，可以從政策試驗中獲得重要的經驗和信息資源。同時，通過試驗取得的成功和效益，能夠使人們逐漸轉變傳統觀念而接受新政策，從而有利於提高政策執行效率，降低政策執行成本。

政策試驗要按照科學方法進行，大致分為三個步驟：

首先，選擇試驗對象。選擇試驗對象或試點，要根據政策方案的要求進行，應具有典型性和普遍性。這就要求在選擇對象時應注意避開那些條件最優越的和條件最惡劣的兩種極端情況。

然後，設計試驗方案。試驗方案是針對試驗對象的實際情況試行政策內容的計劃書。試驗方案的設計要周密，要有利於正確指導試驗工作，加強針對性、方向性和目標性。一般把試驗對象分為試驗組、對照組，在具體實施政策方案之前，先分別測定兩個組各相關因素的狀況，並將測定情況記載下來，然後在試驗組中具體實施政策方案，對照組則不實施。試驗結束後再次測定兩組各相關因素的變化情況，與試驗前的情況進行對比分析，從而得出科學結論。

最後，總結試驗結果。分析和總結試驗結果是政策試驗過程中最關鍵的一個階段，要根據試驗的整個過程和最後結果檢驗、評估、修改、補充或否定政策方案，是為政策執行再決策和政策全面推廣提供直接性的經驗數據和材料。總結不當或不科學，必然導致政策試驗失敗或失效，也就可能誤導政策的全面推廣和政策執行再決策。因此，總結試驗結果強調實事求是、全面客觀、深層發掘、理性思考。分清哪些是必然性原因，哪些是偶然性原因，如果試驗結果也是失敗的，則還要注意弄清是政策本身的問題，還是試驗方案或具體試驗措施的差錯。總結時還必須分清試驗的適用範圍和條件，即哪些經驗僅適用於試點本身，哪些經驗具有普遍意義；在推廣運用這些經驗時需具備哪些條件，附加哪些條件等。

（2）政策全面推廣。

在經過執行準備和政策試驗後，就進入了政策實施的全面推廣階段。這是政策執行過程中涉及面最廣、變量最多，操作性和程序性極強，因而也是最為艱難的一個環節。全面推廣的成效關係到整個政策系統的有效性和功能發揮，關係到政策的可行性和質量優劣。針對中國國情和政策推廣的實踐經驗，在這個環節上要注意把握重點與解決難點相結合。公共政策的全面推廣要面向整體，因而需要考慮和注意的環節與變量較多，在資源有限、條件不足的情況下，實際上很難做到齊頭並進、等量投入。因此，在執行公共政策時應注意立足全面和著眼總體戰略。既要把握重點，又要著力解決難點。把握重點，就是要把握政策執行的關鍵因素。對於目標群體來說要分析主導利益群體的特點和基本情況，爭取獲得主導利益群體的支持與配合，降低政策執行的難度。解決難點就是要把主要力量放在難點的分析和解決上，解決了難點問題，其他問題才可能迎刃而解。同時注意自上而下和自下而上的有機結合。

（3）指揮協調。

政策執行是一項非常複雜的管理活動，需要不同執行機構和執行人員的共同參與和密切配合，需要調動並利用人力、物力、財力、時間、信息、權威等多種資源，需要綜合使用行政、法律、經濟等各種手段。由於不同的政策執行機構具有不同的職責範圍和管理權限，不同的政策執行人員在知識、經驗、智力、觀念、利益、性格和觀察問題的角度等方面存在差異，在政策執行過程中難免出現意見分歧、利益矛盾和衝突摩擦。這些分歧、矛盾、摩擦往往會給政策執行帶來種種阻礙。而要實現政策執行機構和人員之間的整合，就離不開統一的指揮和有力的協調。指揮與協調作為兩種重要的功能性活動，貫穿於政策執行全過程。

指揮就是行政領導者將已經確定的執行計劃和目標任務通過命令、指示、決定等形式，分派落實到具體的部門、單位和個人；按照計劃籌集、分派物資經費，組織實施試點工作，總結推廣試點經驗；通過行政命令、經濟調控和教育激勵等手段，指導政策執行工作全面展開和有效推進的過程。

協調是指行政領導通過引導、調停和說服的辦法，使不同的政策執行機構和政策執行人員之間建立起相互協同、相互配合的關係。協調工作做好了，才能化解矛盾、解決衝突、緩和關係，使執行人員及其他相關人員做到思想觀念上的統一和行動上的一致，才能保證執行活動的同步與和諧，提高政策執行的效率，減少人力、物力、財力和時間等方面的浪費。

（4）監督控製。

監督控製是政策執行過程的保障環節。在實際的政策執行過程中，常常由於政策執行者主觀認識上的差異，造成對政策理解的失當，或者由於政策制定者與執行者之間存在利益差別，往往會使政策執行活動偏離政策目標，出現政策執行的偏差、失誤、違法與低效等情況。因此，必須加強對整個政策執行過程的監督和控製。對政策執行過程進行監督控製主要是為了保證政策執行活動遵循政策原定方案，監督檢查政策內容是否得到貫徹執行，看看各項措施是否存在違背全局利益或整體利益的情況，及時發現和糾正一切違背政策目標的行為，提高政策執行的效率，確保政策目標的實現。

3.3.1.3 政策執行的總結階段

政策實施完畢後要及時做出總結，這是政策執行的最後一個階段，也是為制定新的政策做準備。政策執行的總結階段包括以下環節：

（1）績效評估。

政策執行完畢後，需對執行績效進行科學、客觀、系統、全面的評估。政策執行績效評估主要檢驗執行效率、效益和公平性。一項構思精良、經多方論證認定為無懈可擊的政策付諸實施之後，究竟有沒有達到預期的目標、產生預期的效果，不能僅由政策執行者進行主觀判斷，而是需要使用科學的指標，遵循嚴格的程序，進行客觀的評估，從而決定政策去向，並進行追蹤。可見政策執行績效評估是政策執行過程中必不可少的一個環節，對於提高政策執行質量，克服政策執行中的弊端和障礙，具有重要作用。

（2）政策執行再決策。

政策執行主體在政策執行過程中以及執行任務完成後，根據反饋信息對原政策方案所做的必要補充或修正，就是政策執行再決策。從實質上來講，它是實施過程的暫時中斷，其結果是形成一項更為科學、合理的政策，但是所產生的政策與原政策聯繫緊密，它們針對的是同一個政策問題。政策執行再決策同時兼有政策執行和政策制度的雙重特徵。

公共政策執行再決策時，首先要做好宣傳解釋工作。公共政策執行再決策是對原有政策的修正或突破，勢必給公眾心理帶來不同程度的震盪，引起公眾的擔心和疑慮，這就需要解釋再決策的必要性及宣傳再決策的主要內容，讓公眾明白，再決策不是決策的崩潰，而是一種戰略的轉移，是為了更好地解決社會中的現實問題。其次，要做到集思廣益、發揚民主。在再決策過程中，決策人員必須認真聽取各方面的意見，充分發揮人民群眾和各方面專家的聰明才智，保障人民群眾的正當權益，保證政策的可行性、合理性以及利益代表的廣泛性，為政策的改進、創新和執行創造有利的條件。最後，要做好經驗總結工作。政策執行再決策的一個很大特點是非零起點，再決策所面臨的對象和條件已經不是處於初始狀態，是針對政策執行偏差，制定糾偏措施，使正在實施的政策向規定的目標邁進。所以再決策需要注意和借鑑原決策執行過程中的經驗教訓，在此基礎上有所創新和突破，從而保證公共政策執行取得更好的結果。

上述的三個階段，以及各階段裡的諸環節，構成了政策執行的完整過程。只有這三個階段的每一個環節做好了，政策執行活動才能順利進行，政策目標才能轉變為政策現實，政策內容才能轉變為政策效益。

3.3.2 公共政策執行的手段

公共政策執行手段是指政策執行機構和人員為實現政策目標、落實政策內容所採用的政策工具、仲介途徑與措施方法的總和。根據美國著名政策科學家詹姆斯·安德森的觀點：行政管理機構的實施活動依靠的不僅僅是該機構官員的態度和動機，以及外部的壓力，而且取決於該機構所能獲取的政策實施技術。我們能夠知道：政策執行手段選擇得恰當與否，直接關係到政策執行目標能否實現，關係到政策執行主體的執行力的大小。根據性質、作用和特點的不同，公共政策執行手段可以分為以下幾種：

3.3.2.1 行政手段

行政手段是行政主體依靠國家行政權力，依靠行政組織的層級節制性，採用規章制度、命令、決定等方式來實現國家對行政工作的領導、組織和管理的辦法。行政手段是政策執行最基本的手段。行政手段的本質是借助行政權力和隸屬關係來強制實施，下級必須無條件地服從。通過這種手段可使行政決策準確無誤、堅決有力地推行和落實。尤其是在社會運行過程中出現緊急與非常情況時，行政手段能有效促使秩序的恢復，維護公共安全。

行政手段具有如下特點：①權威性。行政手段憑藉的是行政權力，以服從為前提，實現政令統一。②強制性。各級行政機關及其負責人依靠行政權威發布的行政指令對被管理者具有強制執行的性質，要求下級在思想上、行動上、紀律上原則性地服從統一意志，它不顧及人們是否讚成，一經決定就要貫徹到底。③垂直性。行政手段按行政組織系統隸屬關係向縱向層級傳達，只對上下級垂直隸屬關係具有約束力。下級只服從於其頂頭上司，低一層次只聽上一層次實行垂直性傳遞的信息，橫傳的命令一般無效。④具體性。行政手段往往通過具體的行政命令，在特定時間針對特定對象，具有特指性。

行政手段具有如下優點：①集中統一。行政手段能夠控製、制約、協調社會各方力量，集中社會優勢，保證行政執行的集中統一。②靈活迅速、時間短、見效快。行政手段自身的時效性與強制性決定了其便於行政管理職能的有效發揮，尤其是在緊急情況下。

當然，行政手段也具有不足之處。由於其本質依靠行政權力和隸屬關係實施強制，行政手段最容易被濫用，且因其高度集中、強制性的特點易抑制民主，難以調動下級的積極性和創造性。垂直管理，又會導致橫向溝通困難，矛盾較多。而且，在市場經濟條件下，行政執行的主要方式讓位於經濟手段和法律手段，但行政手段仍是一種行政執行方式之一，只不過與傳統計劃經濟條件相比，市場經濟條件下行政手段無論在機制、運用界限、條件方面，都發生了顯著變化。

3.3.2.2 經濟手段

經濟手段是行政主體按照客觀經濟規律和物質利益原則，利用各種經濟槓桿，調節政策執行過程中的各種不同經濟利益之間的關係，以促進政策順利實施的一種方法。經濟槓桿有：價格、工資、利潤、利息、稅收、資金、罰款以及經濟責任、經濟合同等。經濟手段是一種通過利益誘導進行間接管理的方法，在市場經濟條件下，經濟手段將會發揮越來越重要的作用。

區別於其他手段，經濟手段具有如下特點：①間接性。經濟手段不像行政手段那樣直接干預，而是利用經濟槓桿作用對社會中的各方面經濟利益進行調節，以此來實現間接調控。②有償性。與行政手段下的無償服從不同，經濟手段以等價交換、按勞取酬為原則，以有償的物質利益刺激調動人們的積極性，這也是經濟手段區別於其他手段的根本特點。③多樣性。經濟手段的方式是多種多樣的，它包括價格、信貸、利率、稅收、工資等，且這些經濟槓桿之間是相互關聯的，每一種經濟槓桿的變化都會引起多方面經濟關係的連鎖反應。不同地區、不同時間、不同部門所採用的經濟手段都是不同的。

經濟手段具有以下優點：經濟手段以物質利益為基礎，能充分有效地調動組織和個人的積極性、主動性，促進橫向組織間的溝通交流與聯繫合作。同時，經濟制約關係便於分權的組織管理，發揮各方面的主動性與創造性。

但經濟手段也具有缺點：由於經濟手段不具備強制力和行政管理的約束力，對其行政工作的調節作用也受到一定程度的限制。從個人需要層次上講，當基本物質需要得到了滿足之後，更高層次的需求就會產生，導致經濟手段的效用遞減；並且經濟手段不能完全解決人們的精神和社會需求等問題；如果運用不當，可能會產生消極影響。所以，經濟手段是市場經濟條件下的主要方式，但不是唯一的方式，還需要與其他手段相結合。

3.3.2.3 法律手段

法律手段就是人們常說的法治，是行政主體以行政立法、行政執法、行政司法的方式履行行政職能，實現公共政策目標的政策執行辦法。依照法定程序和職能，把國家法律、法規實施到具體的行政活動中，以達到有效而合理的行政目的。與其他行政手段相比，在依法行政的今天，更要求行政主體以法律為武器，根據法律活動的規律、程序和特點實施行政管理。法律手段已成為行政執行的主要方式之一。

法律手段除了與行政手段一樣具有權威性和強制性外，還具有穩定性、規範性和程序性的特點。所謂穩定性，是指行政法規一經國家立法機關和行政機關頒布，就將在一定時期內生效，不會經常變動，更不允許任何機關、團體和個人隨意修改。行政法律和法規的修訂必須根據客觀形勢發展的要求，由國家立法和行政機關遵循立法程序進行。所謂規範性，是指法律手段對一般人普遍適用，對其效力範圍內的所有組織和個人具有同等的約束力。法律和法規都要用極其嚴格的語言，不能發生歧義，因為它是評價不同人們行為的共同標準。不同層次的法律法規不得相互衝突，法規要服從法律，一般法律又要服從憲法。所謂程序性，是指法律的制定要遵循特定的程序，法律的實施要通過法定時間與法定空間上的步驟和方式進行。在政策執行的過程中，法律手段的運用既要講究實質正義，又要講究程序正義。

法律手段是政策執行法治化、制度化、規範化的根本保障。法律手段是其他行政手段的保障，是最具有行政執行效力的手段。但應看到依靠法律手段並不能解決所有的問題，即便在強調依法行政的今天，也不可能使所有的行政關係都轉化為行政法律關係。法律手段還有不足，如靈活性不夠，有滯後性的缺陷。因此，必須結合其他手段才能發揮作用。

3.3.2.4 思想教育手段

思想教育手段是指依靠宣傳、說服、溝通、精神鼓勵等激勵人們的積極性，實行公共政策目標的方法。這是行政管理最經常、最廣泛使用的一種手段。其方式有：啓發教育、說服勸告、建議協商、樹立典範等。思想教育手段可以從根本上激發人的主觀能動性，但需時較長、工作艱鉅，而且是一項政治性、科學性、藝術性很強的工作，需要在實際工作中曉之以理、動之以情，言行一致，即實現情、理、行三者的統一。

思想教育手段具有以下特點：①潛在性、長期性。人的思想工作觀念是內在的心理活動，轉變人的思想觀念絕非一日之功，它需要進行反覆、細緻、長期的工作，而且人的思想轉變也是潛移默化和漸進的過程。②內在穩定性。一旦通過思想教育工作使管理思想內化為管理對象的自覺意識，它將產生一種穩定的動力，持續地激勵和引導管理對象的行為。③超前性。思想教育手段一旦生效，便能調動管理對象的內在積極性，預先主動地約束自己的行為。

行政手段、經濟手段、法律手段和思想教育手段各有優越性，各種手段不是孤立的，而是相互聯繫、相互制約和相互促進的。在行政執行中，各種手段必須協調配合、相輔相成，共同努力才能實現既定的行政目標。

3.3.3 公共政策執行的資源

公共政策執行的資源就是執行主體實施既定政策所必須具備的客觀與主觀條件。政策執行是社會資源的流動過程，其本身就需要一部分去消耗。因此，對政策執行資源的分析就是進行政策執行的成本—收益分析。具體而言，政策執行資源包括以下幾個方面：

3.3.3.1 財物資源

政策執行需要有必要的財物資源的投入。財物資源由兩部分組成，即經費和物質設備。公共政策執行經費直接來自國家預算，而國家預算又依賴於經濟發展水平，因此，要改善政策執行的財物狀況，就必須發展生產力。充足的經費和優良的物資設備供給是公共政策執行的必要投資和重要條件，然而財物資源的調配供給必須以國民經濟發展水平及供給能力為基礎。但要摒除一種錯誤的觀念，就是花了錢一定能辦成事，或是多花錢多辦事。財物資源只是公共政策執行中的一個方面，過多的財政經費開支也會導致設備的過剩和閒置，造成浪費。

3.3.3.2 人力資源

人力資源主要是指公共政策執行人員的配置問題。它包括人力資源結構建設、人力輸入輸出和素質優化等問題。人力資源的供給應根據具體執行情況而定，一般說來要注意從以下幾個方面進行考察與分析：①政策執行的專業技術程度。專業性很強，就應錄用專業對口的適合政策的人才。如果專業不對路，技術層次不配套，就不能做到人盡其才。②政策執行組織的結構要求。要建立具有團隊精神的組織；組織成員的性別、專業、能力、性格、氣質要結構優良，能形成取長補短、相得益彰、和睦、功能高強的執行隊伍。③政策執行人員的一般素質要求包括知識、能力、心理等方面。但應注意的是，人力資源固然是保證公共政策執行的重要前提，過多的人員投入又會導致執行機構臃腫和因人浮事而產生內耗，從而增加公共政策執行的難度。

3.3.3.3 信息資源

政策執行也可看作是政策信息的流轉過程，它包括執行組織內部的信息傳播與供給，也包括政策執行內部與外部信息的交換與加工過程。公共政策執行因宣傳不力而造成信息的非對稱性，就會產生政策執行偏差。因此，公共政策的執行人員在活動時，不僅需要有足夠的、可靠的信息，而且還應確保信息共享，信息傳輸的渠道暢通無阻。充足的信息資源、科學的信息加工、暢通的傳播渠道、完全的信息產出是公共政策有效執行的重要保證。充足的信息資源指的是執行主體獲得的政策信息以及與執行相關的信息的充足性。信息不充足，執行主體就不能正確理解政策的內涵，不能科學地制訂執行計劃。準確的信息加工是指執行主體對政策認知的準確性。暢通的傳播渠道指的是政策宣傳的方式、手段、路徑等的暢通與有效性。完全的信息產出是指執行主體對目標群體的政策信息供給的真實性與完整性。當然，信息資源也並非越多越好，因為，過度的信息獲取不僅要花費大量的人力、物力與財力，而且還會導致信息污染。

3.3.3.4 權威資源

政策執行需要有堅定的執行權威。一定的權威也是公共政策執行過程中不可缺少的政策資源。權威之所以成為重要的公共政策資源，是因為權威既可以加強行使權力者的責任感，也可以促使個人遵從權威者制定的規範；權威通過保證專門知識和專門技能的利用，確保具有理性和效能的高質量的公共政策的實現；權威有助於組織的整體協調，讓群體的所有成員採取彼此一致的複合決策，以達到預期的目的。在民主社會裡，執行主體依法定權力執行政策，不可越權、侵權。同時執行主體的權威也來源於一些領導者的個人魅力，因此，也應以身作則，率先垂範，樹立良好的政府形象，以獲得公眾的信任與擁護。

3.3.3.5 制度資源

制度是政策執行得以有序進行的重要保證，它包括多方面的內容，最基本的有兩方面：一是通過制度保護執行主體的權力，二是建立對其行為責任依法追究的制度。執行制度建設至少包括對執行者的人格保障、身分保障、職務保障、執行公務保障、行政裁量、自由申辯等規定，這些保障是與執行者的政治、行政責任相聯繫的。

3.4 影響公共政策執行的因素

公共政策執行是在複雜的政策系統中進行的社會活動，政策的貫徹實施並不是一帆風順的，受到來自執行子系統內部和環境的許多因素的影響與制約。分析這些影響因素對於指導公共政策執行具有非常重要的意義。

3.4.1 公共政策本身

一項公共政策執行的成功與否，很大程度上取決於政策本身是否科學、合理。美國政策科學家史密斯認為，理想的或好的政策方案是政策有效執行的前提條件。政策方案有缺陷，如目標與手段之間、新舊政策之間不配套或相互衝突以及政策的超前或滯後等，都會導致政策執行的失敗或難以達到理想的效果。公共政策本身的因素主要體現在以下幾個方面：

3.4.1.1 政策目標的明確性與可行性

政策目標的明確性與可行性是指政策目標是否明確和可行，以及多重目標之間是否相協調。管理學家德魯克曾經指出：「政策執行的第一項嚴重的錯誤，乃是決策者制定超越性或籠統不明確的目標。」這不僅對企業來說是這樣，對政府而言亦是如此。道理很簡單，即模棱兩可和含糊不清的政策自然令人無法執行。此外，政策目標之間是否相協調也很重要。如果相協調，執行活動就可能得到各種力量的盡力配合；如果不相協調，執行活動就可能遇到各種力量的有意阻撓。

3.4.1.2 政策方案的可操作性

政策方案的可操作性是指政策方案是否可操作性強，相關細節的考慮是否周全完備。政策方案的具體措施和行動步驟應盡可能地明確，並可以很快轉化為實際過程，亦即是有利於執行的。實踐中，有許多出發點很好的政策都因為操作性不強而在執行中流於形式。沒有對點滴細節的關注和把握，政策構想就不可能實現，因為政策方案是不完整的，更何況細節還常常是一些政策對象借以對政策做出評判的依據。

3.4.1.3 政策資源的充足性

政策資源的充足性是指所需資源充足，是否可持續投入而不致中斷。無論政策本身制定得多麼理想，如果缺乏或者不能持續供應必要的用於執行的資源，那麼不僅之前所做出的大量努力將付之東流，而且即便實施其結果也肯定難以達到預期的目標。在政策執行所需的各種資源中，財物資源無疑是最為關鍵的，正所謂「巧婦難為無米之炊」。需要注意的是，執行所需的資源投入並非越多越好，有時過多的人員和過度的花費反而會增加政策執行的難度，因此只有投入的資源適度才會有助於公共政策的有效執行。

3.4.2 公共政策執行主體

公共政策執行主體是指負責組織落實公共政策的人員或組織。主要包括國家和地方政策行政機關、司法機關、被賦予執行權的其他公共權力機關以及供職於這些機關的公職人員。任何一項公共政策執行都有賴於一定的組織、機構及其成員。執行主體掌握著實施政策的資源、手段和方法，是將政策貫徹於政策對象中去的施行者、組織者、管理者和責任者。執行主體的組合狀況以及執行人員的素質、政策水平、管理水平、道德素養的高低直接關係到政策執行的成敗和政策目標的實現。

3.4.2.1 政策執行組織

執行政策最終要靠政策執行機關，政策執行機關掌握著執行政策的辦法、技術和資源，是聯繫政策制定者和廣大政策對象的橋樑。執行組織結構的合理性、權責的明確性直接對政策執行的力度和效度產生重大影響。

首先，要保證執行組織結構的合理性。合理的執行組織結構是實現政策目標的組織保證，能實現「1+1>2」的整體功能。組織結構的規範、有序、協調程度直接影響組織的外向輸出情況。執行組織的合理結構要求組織的縱向結構層級化和橫向結構的專業化。層級化是指各級政府以及部門的上下級之間的機構、職位、人員配備和責任、權力、工作程序的有序等級劃分。合理的層級劃分有利於政策執行的統一領導、統一指揮，有利於政策執行的目標分解，逐層落實，有利於政策執行的上傳下達和監督控製。專業化是指將執行組織按政策目標、管理對象、權力責任和業務性質劃分為若干個橫向的職能部門。專業化的部門劃分有利於提高政策執行的專業技術水平，有利於合理利用和吸收專業人才，有利於事權一致、政令暢通。執行組織的合理結構還要求執行組織的年齡結構、知識結構、能力結構乃至性格志趣結構等方面的相互協調與功能互補。

然後，就是要確保執行組織權責的明確性。明確組織權責即理順中央與地方政府、上級與下級政府、各職能部門之間的權力責任關係。就中央與地方以及地方與地方的關係而言，需進行事權劃分，落實責任制，建立責任追究機制，劃清中央與地方政府之間、地方政府不同層級之間的事權、財權、產權和立法權等，政企分開、政事分開，簡化行政審批制度，實現集權與分權相結合，在保證上級權威和不影響上級政府對轄區內的事務作綜合管理和宏觀調控的前提下，實現必要的分權，以調動下級政府應對地方實際情況的靈活性和執行政策的積極性與創造性。就各職能部門之間的關係而言，要明確各部門及其工作人員的權利和責任，責權利保持一致，做到統一指揮，統一行動，杜絕各種形式的相互推諉、越權、失職、瀆職行為。

3.4.2.2 政策執行人員

政策執行人員的行為對整個政策執行的效果具有直接的影響。一個合格的政策執行者必須具有較高的自制能力。公共政策的執行在某種意義上是對利益的分配和對行為的調整。當政策的執行者身兼目標群體和執行者的雙重角色時，他們的利益就被執行的政策所調整，這時，政策的執行者便處在整體利益與局部利益的矛盾選擇之中，他們是否有高度的覺悟和自制力，將對政策的執行產生極大的影響。同時，一個合格的政策執行者必須具備堅定的政策目標的認同感和執行政策的使命感。政策執行的好壞取決於政策執行者對於政策目標的認知、理解，對於不同行為可能產生的政策效果的準確推測，對於政策執行過程中的困難與障礙勇於克服的堅強意志。除此之外，合理的知識儲備和能力結構對於政策執行者也是必不可少的。所謂知識儲備，主要指兩類知識：一是一般性的政策執行知識，二是進行專門領域的政策實施所需要的專業知識。所謂能力結構，是指執行政策的一般能力，包括組織能力、計劃能力、協調能力、管理能力、控製能力等。

3.4.3 公共政策目標群體

公共政策目標群體是公共政策直接作用和影響的對象，是與公共政策所分配利益發生關係的個人、團體或組織。政策執行的目的是影響或改變政策目標群體即政策對象的利益。其功能的發揮不僅與執行主體的各個因素有關，也與政策對象對政策認同、接受和支持的程度有關。按照這種程度的大小，可以將公共政策對象分為：

3.4.3.1 順應型政策對象與抵觸型政策對象

順應型政策對象是指這部分受政策影響的公眾，支持政策執行主體的行動，能夠順從政策的貫徹，所以有時又稱這種類型的政策對象為貫徹式政策對象。這類政策對象也有兩種情況：一種是能從政策執行中獲利的人，一種是雖不能從政策中獲利但也能顧全大局的人。抵觸型政策對象是指某些公眾因感覺到政策的設施會損害他們的既得利益，因此，試圖對政策的貫徹採取對應的行為，通過這些行為或者使政策貫徹走樣，或者讓政策在執行中打折扣，其目的是維護原有利益，或使既得利益的損失最小。由於這類政策對象的行為是專門針對政策的，有些人稱他們是對策式政策對象。

3.4.3.2 配合型政策對象與觀望型政策對象

配合型政策對象是指在政策實施中，政策目標群體中一部分對政策貫徹表示主動支持的公眾，他們與政策執行機構和人員緊密配合，保證政策能順利執行。這一類型的政策對象或者是對政策比較瞭解，或者是在政策實施過程中已經獲得了實際的利益。配合型政策對象因為能主動支持政策執行部門和人員的活動，因此又被稱為支持式政策對象。觀望型政策對象是指在政策目標群體中，一部分對政策的效果表示懷疑，從而一直處於觀望狀態的公眾。他們對政策或者不甚瞭解，從而不積極；或者是由於過去的政策未能給他們帶來實際利益，從而對新的政策也持懷疑心理。這一類型的政策對象由於對政策的實效不太相信，又被稱為疑慮式政策對象。

政策執行是政策執行主體與政策對象間的互動。政策對象中與政策發生作用的公眾個人或群體的態度，對政策執行狀況同樣具有重要影響。瞭解政策目標群體的具體情況，便於在政策執行中有的放矢，更好地使政策對象順從和接受公共政策，使政策目標得以順利實現。

3.4.4 公共政策環境

公共政策環境是指政策系統邊界之外並和政策系統進行物質、能量和信息交換的所有事物。影響公共政策執行的政策環境可區分為自然環境和社會環境。

3.4.4.1 自然環境

公共政策執行子系統的自然環境是指與執行系統發生密切聯繫並與之進行物質、能量和信息交換的外部自然條件。自然環境主要包括：地理因素，即山川、河流、湖泊、海洋、土壤等自然條件；生物因素，即植物和動物等自然條件；宇宙因素，主要指靠近地球表層的大氣與空間。一定的自然環境與一定的政策執行系統發生這樣或那樣的聯繫，影響著政策執行過程與結果。

3.4.4.2 社會環境

任何一項政策的執行都必須要與一定的社會因素發生作用，都要受到一定社會環境的制約和影響。適宜的社會環境無疑有助於政策的有效執行。公共政策執行子系統的社會環境是指該系統以外由人們以及人的活動形成的，並對政策執行活動產生交互影響的各種社會因素。這些因素通過社會的經濟、政治、文化、教育、科學、技術、精神、道德風尚、風俗習慣等表現為社會的政治環境、經濟環境和文化環境。

首先是政治環境。公共政策執行素來就是一種複雜的政治行為，公共政策執行子系統的輸入與輸出都離不開政治環境的影響。具體表現為：國家政治制度決定公共政策執行的階級性質和組織形式；政黨制度影響著政策執行的組織機構設置、人員配備、執行溝通、執行評估與監督；政治生活的民主程度和政治穩定影響公共政策執行的運行狀態；國際政治環境影響公共政策執行的穩定和功能發揮。

其次是經濟環境。經濟環境是公共政策執行最深層的環境，是公共政策執行的物質基礎。它主要包括生產力和科技發展情況、人口狀況、國民收入水平、社會生產關係、經濟體制等，即生產力和生產關係兩大方面。生產力發展狀況對政策執行的影響，具體表現為：物質生產的發展狀況是政策執行的物質基礎。精良的物質設備和高科技發展，為辦公自動化和電子行政等提供了條件，加速了信息傳遞與資源共享，使政策執行更為便捷；經濟的發展引起一系列社會問題使政策執行的社會管理功能更為突出和複雜。生產關係狀況對公共政策執行的影響表現為：經濟基礎決定公共政策執行的性質與功能發揮；經濟體制影響公共政策執行的效率和運行模式。

最後便是文化環境。文化環境主要指政策執行系統之外人們的社會價值觀念、傳統習俗、社會心理和行為模式等。在效益、民主、公平等價值理念備受推崇的社會，政策執行一般能夠更多地反應民意和公民參與程度，體現公平與公正並講究效率等。在全能、管制、人治型社會占主導地位的社會中，政策執行更偏重權力統治，政府主要扮演「守夜人」的角色。崇尚變革、創新、冒險、競爭的社會民族心理一般傾向於支持政策執行更富有創造性，而相比之下，保守、安逸、小國寡民的社會心理則喜歡漸進平緩的政策執行。

總的來說，無論是政治環境、經濟環境還是文化環境，都會影響政策執行。因此，為政策執行創造適宜的環境，也是政策得以有效執行的重要條件。

3.5 「上有政策、下有對策」

「上有政策，下有對策」是政策執行過程中的一個非常特殊的現象，也是人民群眾廣為關注的一個焦點問題。它不僅阻礙了政令暢通、危害到政府職責的有效完成，而且妨礙了政府公信力的樹立，損害了黨和國家政策的權威性。

3.5.1 「上有政策，下有對策」的表現

「上有政策，下有對策」主要指各級地方政府部門在執行上級政策時，違背原有的政策精神而導致執行中出現偏差和變形的現象。它在實踐中有如下表現：

3.5.1.1 象徵性執行

在政策的執行過程中，有些地方的政府部門滿足於做表面文章，只停留於口頭的承諾而沒有規定具體的配套措施。要麼能拖則拖，要麼「虎頭蛇尾一陣風」，要麼敷衍塞責，要麼雷聲大雨點下，從實質上將政策被擱置並成為一紙空文。這種陽奉陰違的做法是與政策的精神實質相違背的。儘管如此，當政策執行難度很大或有損執行者自身利益時，象徵性執行就可能出現。

3.5.1.2 選擇性執行

任何公共政策都是一個有機的整體，只有得到全面和堅決的貫徹執行，其所針對的政策問題才能真正解決。然而，在實踐中有些地方政府和單位常常對上級政策指令或命令進行過濾和截留，挑選其中對自身有利的內容來執行，而對自身不利的內容則不執行；或者是先根據目標群體是否好「對付」再來決定是嚴格執行還是部分執行，其結果就是「躲」字當頭，怕擔責任，怕得罪人，遇到問題就逃避。這種「斷章取義，各取所需」的做法割裂了政策各部分之間的內在聯繫，使中央政策變得殘缺不全，從而達不到預期的效果，並且因為「政策面前人人平等」而背離了社會的公平正義。

3.5.1.3 替換性執行

替換性執行就是當需要執行的政策與負責執行的政府機關和部門存在利益衝突時，後者就制訂與上級政策表面一致而實際相悖的實施方案，或者對其加以曲解，從而使上級的政策難以得到貫徹落實。這種「你有政策，我有對策」的現象不僅極大地妨礙了黨和政府的政策目標的順利實現，而且破壞了政策應有的權威性的嚴肅性，最終損害了國家和人民的利益。

3.5.1.4 附加性執行

在公共政策的執行過程中，有些執行部門會附加上原政策目標所沒有的內容，以維護本地或本部門利益。特別是有些地方打著貫徹上級政策要結合本地實際的旗號，另立一套規定，自行其是，謀取私利，嚴重阻礙了政策執行的力度和效果，致使政策不能準確執行到位而出現政策失真。

3.5.2 「上有政策，下有對策」的成因

「上有政策，下有對策」這一現象產生的原因是多方面的，其中既有主觀原因，也有客觀原因；既有外界因素，也有政策本身問題。

3.5.2.1 中央利益與地方利益間的矛盾

公共政策從一定意義上來說就是對各種利益進行分配，或者說涉及的是利益的博弈，其實施的結果總會造成一些人受益而另一些人受損。「上有政策，下有對策」的出現，正是因為在政策執行過程中，某些地方政府從地方利益出發考慮問題，以損害國家利益為代價來確保自身利益得到最有效的維護。儘管國家利益是一國之內的最高利益，所有地方、部門和個人都要服從它的要求，但在一定時期內，中央領導與地方領導所處的位置不同，考慮問題的角度和方式不同，對利益的要求也不同，他們會為了在利益總量中爭取到更大的份額而產生利益矛盾。

3.5.2.2 政策本身的缺陷

首先是政策缺乏科學性和可操作性，或者模糊不清。當上級政府沒有充分考慮各地實際而制定出過於僵化的政策，卻又礙於面子不願收回，或者當政策的具體條款含混而易被誤解時，就會給政策執行帶來難度，也給執行者尋找對策、鑽空子造成可乘之機。然後就是政策不完整，或者政自多門、不相匹配。中國目前機構繁多，部門林立，職責不明，並且常常出現多頭決策。最後是政策多變，朝令夕改，缺乏穩定性和連續性。往往是今天制定了一個政策，不久之後，情況發生了變化或者領導換屆了，又匆忙出抬一個新政策。這樣一來，政策的權威性和可信度就始終無法建立起來，也很難讓人遵從，因而造成「上有政策，下有對策」的現象。

3.5.2.3 政策執行者的利益驅動

政策最終都是由人來執行的，執行者的素質和價值觀會在一定程度上直接影響政策執行的效果。現實中，一些政府部門的執行人員缺乏職業操守和公益心，背離了全心全意為人民服務的宗旨，只為照顧好自己及本部門的狹隘利益。雖然說政府部門不見得都是公共選擇理論家所稱的那種利益最大化的「理性經濟人」，但追求自身有別於上級政府的那種利益仍是其行為的動機之一。因此，他們就有可能利用手中掌握的權力來謀私利，進行「政策尋租」活動，從而使政策得不到很好的執行或政策走樣。再加上以前中央對地方政府領導的政績考核常常以地方經濟發展數據為指標，而不始終從本部門和本地區利益出發來考慮問題就不會有數據和政績，這點也決定了幹部們在上級政府的政策有損本部門和本地區利益時總是拒不執行或消極執行。

3.5.2.4 執行中監控措施的缺乏

近年來，中國雖然已經通過了行政監察法，建立了較為健全的行政監察體系，也對國家行政管理機關及其工作人員的活動進行了必要的監控，但在政策的執行過程中，從上至下依然缺乏強有力的監控，導致大量「漏洞」「虛監」「難監」現象的產生。此外，既有的監督主體雖然存在且為數不少，但監督效果普遍不佳，還有其局限性，比

如各監督主體的權限、方式、程序、範圍等不明確，某些基層執行主體與監督主體混為一體，以及某些執行主體與監督主體在利益上高度相關。即使是組織檢查，相當一部分也是搞形式主義。由於法律、法規或政策的落實缺乏監督保障體系，執行或者不執行都是一個樣，時間一久，令不行，禁不止。再加上一些執行主體的權力意識逐漸膨脹、法治意識日益缺失，「上有政策，下有對策」現象便盛行。

3.5.3 「上有政策，下有對策」的治理

「上有政策，下有對策」的現象從地方局部利益來看也許是有利的，但從國家全局利益來看則是有害的，也是不合法的。實踐中，一些地方政府部門誇大政策的靈活性，一味強調變通，這是對政策原則性的否定，必須予以高度重視並可以採取以下措施來進行治理：

3.5.3.1 制度上解決並合理劃分中央與地方事權

清晰地劃分中央與地方的事權，即使地方明確了自主權限範圍，又可以防範中央政策被隨意曲解。總的來說，中央應掌握宏觀決策制定，其內容不能有過度含糊其辭的內容，並且其基本精神和原則應當高度統一，對全國各地都是普遍有效的，從而避免出現這個地區可以這樣做、那個地區可以那樣做的現象，使決策的出抬目標與實施效果相差甚遠。微觀決策可以交由地方做主，即要求地方在遵循宏觀決策的前提下，發揮決策的主動性、創造性。同時，中央與地方都應做到職責權相對應，要改變過去那種中央權力偏重或地方權力偏重的傾向，做到中央權力與地方權力相對稱。在政策執行活動中可以考慮，中央明確規定給地方一定幅度的政策執行自由度，明確在哪些問題上可以有多大的變通權，哪些問題上則不能有絲毫變通等。同時，還應考慮建立一套部門之間、地方之間政策執行活動的整合機制，防止對同一政策問題各地方行動不一，甚至政策措施相互衝突現象的產生。

3.5.3.2 逐步建立科學、配套的政策體系

不同政策的內容之間以及不同執行部門的職權之間的衝突，常常是政策執行不力甚至政策失效的一個不可忽視的原因。為此，首先，應該對現存的所有法律、法規和政策進行一次全面清理，凡是政策規定之間有相互矛盾、扯皮現象的都必須及時糾正；所有部門或地方的政策規定都必須嚴格與中央、國務院的政策規定相一致；條件成熟時還可以考慮建立某種形式的違憲審查制度，以確保下位法不違上位法，損害法律與政策的權威性。其次，應該對各個領域的工作進行全面審查，哪些需要立法定策，哪些需要完善修改。在宏觀、中觀、微觀政策之間，政治、經濟、社會文化等各個領域的政策之間，各部門政策規章之間，新、舊政策之間，都有進行協調，逐步形成科學、合理、配套的政策體系。最後，對政策的制定和實施要通盤考慮，總體規劃，有計劃、有步驟，循序漸進地推進政策。

3.5.3.3 加強宣傳和處理好局部與全局的關係

「上有政策，下有對策」的實質是顛倒了局部與全局的關係，缺乏大局觀，也沒有很好地把握整體和長遠的利益。因此，要克服其弊病，就必須從思想上抓起，始終突

出政策的原則精神和理念，並重申即使上級政府政策的某些方面不適合當地當時的具體情況，在上級沒有做出新的規定之前，仍然要執行上級既定的政策。同時，還要堅決維護中央的權威，反對分散主義和地方主義，並強調必須有一個堅強的中央領導集體和核心，必須有中央的強有力的統一領導，必須集中宏觀經濟調控權力，必須保證政令暢通。

3.5.3.4 完善政策執行監督機制並重視反饋

不斷完善政策執行監督機制是消除「上有政策，下有對策」的治本之道，在這方面需要做好這幾項工作：首先，強化政策執行監督意識，提高執行人員素質。各級政府必須充分認識政策執行監督的必要性和重要性，並幫助人民群眾樹立參與政策執行監督的意識，還要下大力氣培養執行人員講政治的風氣，提高他們的整體觀念和法治觀念。然後，要確保專門監督機構的獨立性並賦予其足夠的權威。要改變目前監督人員因其受所屬同級政府領導而產生的「懼監」的心理顧慮，必須保證其獨立地位，不受同級黨委和政府的領導，實行垂直領導體制，這樣才能實現其威懾作用。其次，要充分發揮各種監督主體的積極作用以形成監督合力。除了政黨的監督、國家權力機關的監督、政策執行機關內部的監督外，還要讓各階層公民、社會團體、大眾傳播媒介等社會力量都來參與監督活動。最後，要重視信息溝通和反饋以加強控製。任何政策都是面向未來的，由於客觀環境的變化和各種隨機因素的存在，其實際效果與政策目標之間也存在著一定的差距，因此需要根據信息不斷地進行反饋和控製，以及時調整矯正。

4 公共政策的評估分析

4.1 公共政策評估概述

公共政策評估是政策過程的一個重要環節，是政策分析的一個重要方面，是一種具有特定標準、方法和程序的專門研究活動。對公共政策進行客觀的評估是政府決策的重要依據，對公共政策有效執行具有重要意義。那麼，接下來，本節將從公共政策評估的含義、功能目的、類型和意義等方面對公共政策評估進行概述。

4.1.1 公共政策評估的含義

公共政策評估的對象是什麼？是公共政策方案、公共政策過程，還是公共政策效果？學術界對此的看法不一。相應地，公共政策評估的含義也並不統一。但總的來說，國內外學者對公共政策評估的概念的觀點，按公共政策評估對象可以劃分為以下三類：

4.1.1.1 以公共政策方案為評估對象的公共政策評估

這種公共政策評估概念將公共政策方案視為評估對象，把公共政策評估作為對政策方案的選擇。國外學者內格爾認為，公共政策評估包括四個要素：①目標，包括規範性約束和各目標的相對權重；②政策、項目、目標、計劃、決議、可選權和手段或其他用以達到目標的方案；③政策與目標之間的關係；④根據目標、政策及其相互關係，得出應當選擇哪一種公共政策或公共政策組合的結論。這種觀點強調，公共政策評估主要關心的是解析和預測，它依靠經驗性證據和分析，強調建立和檢驗中期理論，關心是否對公共政策有用，而主要關心的是把評估看成是一種科學研究活動。公共政策評估被視為一個分析的過程，評估者通過收集相關的信息，運用定性和定量分析方法和技術，對各公共政策方案進行分析，確定各種方案的現實可行性和優缺點，以供決策者參考。

4.1.1.2 以公共政策過程為評估對象的公共政策評估

這種概念以公共政策過程為評估對象，既包括公共政策方案的評價，也包括對公共政策執行以及公共政策效果的評估。國外學者安德森認為：公共政策評估涵蓋對一項公共政策的內容、執行、目標實現以及其他效應的估計和評價。國內學者張金馬認為：所謂公共政策評估，是指採用現代社會科學研究方法對一個社會或社區或特定社會群體的公共政策需求、對擬議之中的公共政策方案以及輔助實施的公共政策所產生的效果、執行情況及帶來的各種影響等進行客觀、系統化的考察和評價。林水波、張世賢認為：公共政策評價是有系統地應用各種社會研究程序，收集有關資訊，用以論證公共政策概念與設計是否周全完整，知悉公共政策實際執行情形、遭遇的困難，有無偏離既定的公共政策方向，指明社會干預公共政策的效用。

4.1.1.3 以公共政策效果為評估對象的公共政策評估

這種概念的著眼點在於公共政策效果。國外學者戴伊認為：公共政策評估就是瞭解公共政策所產生的效果的過程，就是試圖判斷這些效果是否是所預期的效果的過程，就是判斷這些效果與公共政策的成本是否符合的過程。國內學者陳振明認為：公共政策評估是依據一定的標準和程序，對公共政策的效益、效率和價值進行判斷的政治行為，其目的在於取得有關這方面的信息，作為決定公共政策變化、公共政策改進和制定新公共政策的依據。陳慶雲認為：公共政策評估就是對公共政策實施效果所進行的研究。這類觀點強調：將公共政策評估的目的界定為評價公共政策執行在實現其預定目標上的效果。評估的重點是該公共政策在多大程度上解決了公共政策所指向的問題，以及該效果的取得是公共政策本身的作用還是公共政策以外其他因素導致的等。

在本書中，我們採取第三種觀點，認為第三種觀點更為合理。我們認為，公共政策評估的著眼點和對象應該是公共政策效果。換句話講，我們認為，公共政策評估是依據合理的標準和規範的程序，對公共政策的效益、效率和價值進行的具有政治性的價值判斷，其目的是通過對相關信息的綜合，為調整和改進現有公共政策、制定新公共政策提供科學依據。

4.1.2 公共政策評估的功能和目的

4.1.2.1 公共政策評估的功能

公共政策評估不僅是技術上的科學分析，而且也是一種政治和社會過程。它是公共政策過程中不可缺少的一個重要環節，也是進一步完善公共政策實施效果的重要步驟。具體來說，公共政策評估主要有以下功能：

(1) 提供政策運行的可靠信息，提升政策質量

政策評估可以運用科學的方法，針對政策績效進行評估，以指出政策達成目標的範圍和程度，以及社會對此政策的需求和價值判斷。事實上，在政策制定過程中，決策者規劃得再完善，也難免會有瑕疵或預料之外的結果出現；更何況幾乎沒有決策者能做到全面理性的規劃。政策評估可提供相關的信息，作為決策者日後修正、完善政策的依據，逐漸提升政策質量。

(2) 檢驗政策目標並發現政策執行中存在的問題

政策在執行時，往往會遇到政策方案不切實際，以至於執行困難的問題。此時必須對政策進行調整，重新形成政策問題，擬定政策目標，設計新的政策方案。如果是政策執行過程出現問題，則應該認真核查執行機構的工作流程、資源分配、人員配置、執行手段等，找出原因，強化政策執行。

(3) 作為提出政策建議和分配政策資源的依據

政策評估提供的相關信息是決定政策是否應該延續、調整或終止的依據，同時也

是分配稀缺性政策資源的依據。只有通過政策評估，才能明確哪些資源配置是合理的、有效的，哪些資源配置是不合理的、無效的，從而根據問題的輕重緩急和價值判斷，重新分配有限的資源。

(4) 向各利益相關者提供政策信息，構建良好社會關係

政策評估可以向決策者、執行者、目標群體、社會公眾等提供政策的相關信息，創造一個交流信息和發表建議的場所，形成良好的環境氛圍。這有利於提高政策的認同度，推進政策的執行，減少阻力。

4.1.2.2 公共政策評估的目的

公共政策評估的目的是考察公共政策執行的效果是否達到了其預期目的。它決定了公共政策評估的方法、主體、評價標準等一系列政策評估的基本問題。發起政策評估工作的機構和人員，具有不同的動機和訴求，對於政策評估持有不同的目的。一般而言，可以將政策評估的目的按公共政策的效果劃分為積極目的和消極目的。

公共政策評估的積極目的包括：比較各備選方案，為確定備選方案優先順序提供依據；根據評估結果，提供改善政策執行程序和技術的參考；通過政策評估，明確政策的可行性程度，提供繼續執行或者停止執行政策的參考；作為重新分配政策資源的根據，通過評估活動，分清不同政策的輕重緩急，對稀缺性政策資源重新配置。

公共政策評估的消極目的包括：拖延決策時間，政策制定者利用政策評價工作尚未結束、無法進行決策為理由，拖延決策時間；決策者利用政策評估的結果，指出其不實施某項政策或實施某項政策的理由，規避應負的責任；炫耀工作績效，為本級政府或相關政府機構歌功頌德；誇大工作難度，要求增加政策活動經費，增加工作機構和人員；利用政策評估的某些結論，批判政策中存在的失誤或不足，為要去政策調整編造理由，實現批評政策以達到改變政策的目的。

4.1.3 公共政策評估的類型

公共政策評估可以按不同標準進行分類。綜合國內外學者的觀點，大致有：以評估組織活動形式規範與否為標準將公共政策評估劃分為正式評估和非正式評估；以評估主體的來源為標準將公共政策評估劃分為內部評估和外部評估；以政策評估在政策過程所處的階段為標準將公共政策評估劃分為事前評估、執行評估和事後評估。下面進行將分別進行闡述。

4.1.3.1 正式評估和非正式評估

正式評估是指特定的評估主體通過執行包括既定的評估程序和步驟等環節的事先制定的相對完整的評估方案，對公共政策做出相對科學且客觀的評價的活動。其優點是評估過程較為規範、評估方案較為科學、評估結論相對客觀。其缺點是對評估主體、評估程序和評估內容要求較高，而且需要較高的成本。當然，因為正式評估的優點確定了它在政策評估中占據主導地位，其結論成為政府部門評估政策的主要依據。

非正式評估是指對政策評估的主體、形式和內容不做嚴格的限制，且對評估結論也不做嚴格要求，僅僅根據評估者掌握的情況對政策做出判斷的活動。其優點是評估

方式靈活、簡便易行、形式多樣。其缺點是因為評估者的不確定、評估形式和內容的不規範導致用以評估的信息不全面，程序和方法的欠缺，從而使評估結論具有一定的主觀性和片面性。

4.1.3.2 內部評估和外部評估

內部評估是由來自行政機構內部的評估者對公共政策進行的評估。根據評估者的身分可以將其劃分為由操作人員自己實施的評估和由專職評估人員實施的評估。內部評估的優點是：評估者對政策制定實施的過程比較瞭解，對評估的重點較為清楚，且評估結論容易被政策制定者或實施者接受，從而有利於公共政策的調整和改進。其缺點是：評估者的利益與政策評估結論相關，容易降低評估結論的客觀性。

外部評估是由來自政策機構以外的評估者對公共政策進行的評估。這些評估者可以是行政機構委託營利性或非營利性的研究機構、學術團體、專業性的諮詢公司、大專院校，也可以是由投資或立法機構組織的或來自報紙、電視、民間團體等其他各種外部評估者。根據評估的性質可以將外部評估劃分為委託評估和非委託評估。委託評估是指政策機構委託營利或非營利的學術團體、研究機構、專業諮詢公司和高等院校對公共政策進行的評估活動。非委託評估是指外部評估者，如立法機關、司法機關、大眾傳媒和投資者等，出於自身工作的職責、社會責任感、研究目的、研究興趣或相關利益而自行組織的政策評估活動。外部評估的優點在於評估過程較為公正、評估結論相對客觀；缺點在於評估主體獲取評估的信息相對困難，評估結論也不易得到重視和採納。

4.1.3.3 事前評估、執行評估和事後評估

科學的政策評估應該貫穿政策實施的所有過程，所以將其劃分為事前評估、執行評估和事後評估。

事前評估是在公共政策執行之前進行的一種帶有預測性質的評估，所以也有學者將其稱為預評估。其評估內容主要包括：一是對公共政策實施對象的發展趨勢的預測，二是對公共政策可行性的評估，三是對公共政策效果的預測和評價。

執行評估是指對在執行過程中的政策實施情況的評估，即確認公共政策是否得到嚴格的執行。其優點是獲取的評估信息具有及時性和有效性，從而有利於對公共政策執行過程的控製和管理，同時有助於對公共政策效果的評估。其缺點是評估的對象僅限於政策執行期間，評估結果帶有相對的片面性。

事後評估是政策執行完成後對政策效果的評估，旨在鑒定人們執行的政策對所確認問題達到的解決程度和影響程度，辨識政策效果成因，以求通過優化政策運行機制的方式，強化和擴大政策的效果。公共政策的實施效果需要一定的時間才能顯現，且不同的公共政策的實施效果顯現的時間長度可能不同。所以事後評估是以政策效果為評估對象的政策評估的最為主要的評估方式。事後評估所處時間點的特殊性決定了其評估結論的重要性，或者說一項公共政策的延續、調整或者終止在一定程度上取決於對該項公共政策的事後評估結論。

4.1.4 公共政策評估的意義

公共政策評估對於改進政策制定系統，克服政策運行中的弊端和障礙，增強政策的活力與效益，提高政策水平具有重要作用和遠大意義。

4.1.4.1 科學的政策評估可以有效地檢驗公共政策的實施效果

任何公共政策的制定或者實施都是依據制定者或者實施者所掌握的有限的信息，制定並實施一定決策的行為，而執行這些決策的社會環境和對象卻千差萬別，所以不論是在政策的制度過程中，還是在政策的實施過程中，政策方案或者政策實施手段存在一定程度的不合理或者不適當是難免的。但是這些政策方案中不合理的成分或者實施手段中不適當的部分只有通過對政策的實施效果的檢驗才能發現。通過不斷地檢驗政策效果，或者說不斷地政策評估，減少公共政策方案中的不合理成分，完善公共政策實施手段，進而提高公共政策的質量。總之，科學的政策評估有助於檢驗政策實施效果，提升政策質量。

4.1.4.2 正確的政策評估結論是政策繼續執行、調整或終止的重要依據

一項公共政策是否繼續，或者在多大程度上繼續或者終止，主要取決於這項政策的實施效果。而政策的實施效果則一般需要政策評估來做出，所以政策評估結論基本決定了一項公共政策的基本走向。一般而言，政策的基本走向分為三種情況：一是政策繼續，即通過科學的評估，發現該政策所指向的問題還未得到解決，其政策環境也沒有發生大的變化。二是政策調整，或稱政策變革。如果一項政策評估的結論認為，該政策在實現其目標時，存在一定程度的缺陷，這時該項政策就需要調整。另外，在執行過程中，遇到了新情況、新變化，原來的政策已明顯不適應新的政策情況，也需要對原有政策進行調整或者革新，以適應新變化，更好地實現政策目標。三是政策終結，也就是完全終止原來的政策。政策終結分為兩種情況：一種是政策目標已經實現，原有政策的存在已經沒有意義，完成了一個政策週期，自然終結；另一種是政策環境或問題本身發生了非常大的變化，原有政策已明顯不能解決問題，甚至是會使問題變得更為嚴重，無法通過局部調整或變革來實現政策目標時，就需要終結該政策，制定新的政策來實現其目標。

4.1.4.3 政策評估的常態化有助於公共決策科學化、民主化

隨著公共政策的重要性被人們所認識，公共政策的制定和實施對社會經濟發展越來越重要。同時政策評估作為政策過程不可或缺的組成部分也逐漸被強化，以至於常態化的政策評估成為現代社會發展的需要。政策評估主體結構、評估內容、程序、標準、方法和指標的科學化對加快決策的科學化和民主化具有重要的推動作用。通過政策評估，不僅可以檢驗政策的效果、效益和效率，更合理地配置政策資源，形成一種優先順序和比例，而且可以與時俱進，隨時抓住情況的變化，對政策做出繼續、調整、終止的決定。

另外，公共政策何時評估，或者說公共政策的評估時點，對政策評估也非常重要。公共政策評估時點的選取與公共政策週期、公共政策影響週期密切相關。公共政策週

期是指公共政策經制定、執行、評估、監控、終結幾個階段後形成的一個完整週期。公共政策影響週期是指一個政策在執行、實施後對相關目標群體影響的時間，一般是從政策的出抬開始，到政策的終止結束。需要指出的是，公共政策出抬並不意味著政策起效。公共政策出抬後，有一個宣傳、消化、吸收的過程。選取公共政策的評估時點時需要注意，公共政策評估的重點是公共政策執行的效果，由於不同的公共政策起效週期不同，政策從出抬實施後，真正落地、發揮作用、產生效果的時點也就不一致，導致不同公共政策的評估時點選取也不一致。所以進行公共政策評估時要特別注意評估時點的選擇。

4.2　公共政策評估的實行

4.2.1　公共政策評估的主體和標準

公共政策評估是公共政策過程的重要環節，由誰來評估，依據什麼樣的標準，對評估結果發揮著重要作用。下面將分別進行闡述。

4.2.1.1　公共政策評估的主體

公共政策評估主體是指直接或間接地參與公共政策評估過程的個人、團體或組織。探討公共政策評估的主體問題就是解決由誰來進行政策評估的問題。選擇公共政策評估主體時需要注意：①評估主體的多元化。政策的公共性、民主性和公正性必然要求其評估主體的多元性。政策執行機構內部主體和評估的外部主體構成公共政策評估主體的多元性。此外，社會組織和公眾作為政府行為相對人參與公共政策評估，不僅能夠提高公共政策評估的客觀性和全面性，更能夠提高公共政策評估結論的公信力。②政策對象充分參與。政策對象是公共政策的直接作用體，對政策的合理性、公平性以及政策實施效果具有發言權。評估主體中作為政策對象的社會組織和公眾的缺失，將會導致公共政策評估過程中相關利益群體和個人話語權的缺失，使得評估結論帶有片面性。所以政策評估主體中適度吸收政策對象的參與可以提高評估結論的可信度。③評估主體的獨立性。政策評估是對政策實施結果的評判，肯定涉及相關機構或人員的政績或利益，難免會受到一定程度的干擾。因此評估主體的獨立性成為評估結果客觀性的保障。④評估主體的專業化。政策評估的專業性要求評估主體必須掌握關於政策方案和政策結果的足夠信息和關於政策理論尤其是政策評估理論的足夠知識，以保證評估結論的可靠性。因此對評估主體要不斷進行專業知識的訓練和評估經驗的交流。

根據有關學者的觀點，中國現有公共政策評估主體存在一些缺陷：①公共政策評估主體單一。現階段中國的公共政策評估主體以官方為主，缺乏社會組織和社會公眾的參與。②公共政策評估主體缺乏獨立性。評估的方式造成公共政策評估主體和被評估的對象有著千絲萬縷的利益關係，這就使得評估主體在公共政策評估過程中難以保持科學性、客觀性和獨立性。③評估參與主體不具有代表性。有些地方政府在公共政策評估過程中非常重視社會組織和公眾的代表參與，但是由於這些代表的產生方式不合理，導致評估主體欠缺代表性和廣泛性。④評估過程中不同參與主體的信息不對稱。政府應該把公共政策制定的目的、規則、標準、實施狀況等因素根據國家法律、法規和政策予以公開，使公共政策評估主體在評估前可以從有關部門獲取評估對象全面、真實的信息，使他們能夠結合自身的切身體驗以及對被代表公眾的信息匯總，做出科學、客觀的評價。但有些政府部門在公共政策評估的過程中，為了滿足自身利益而提供虛假、不全面的信息，使得評估主體難以在評估過程中發揮作用。

4.2.1.2　公共政策評估的標準

前文已經指出，政策效果是政策評估的核心。要弄清楚一項公共政策的效果是好是壞，是否達到了預期的目標，就必須要有一套評價的標準，即進行價值判斷的尺度。公共政策評估標準是指對公共政策實施情況進行測量、評估的參照體系。評估標準的選擇不僅取決於評估目標和評估者，還取決於評估的技術和方法。評估標準並不是由評估者隨意設定的，它具有客觀性，必須客觀反應社會對公共政策的要求。

但在實踐中，由於公共政策涉及面廣，利益相關者眾多，變量因素複雜，因此，設定一套統一的、能為絕大多數學者所共同認可的評估標準是十分困難的。首先是政策目標的影響。政策目標有時是不明確的、含混的，從而使評估標準無法確定。然後是法規制度的限制。有時因受政治上、法律上、制度上各種因素的限制，使評估者無法根據客觀實際需要來設定評估標準。其次是政策效果有預期與非預期、正面與負面之分，因此在設定標準的同時要兼顧不同方面的需求是很困難的。最後是評估標準本身應力求數量化、具體化、客觀化，但公共政策效果和影響有時往往是認知、態度、心理等主觀層面的問題，而對這些問題的評估是非常不易設定量化且客觀的評估標準。因此，總的來說，必須從系統論的角度出發，從整體性、多層次、多側面、綜合性的角度來考慮評估標準的設定。

國內外學者對公共政策評估標準有不同的表述。國外學者薩奇曼認為評估標準包括：工作量或投入的多寡、績效、績效的充分性、效率和過程。威廉・鄧恩認為評估標準包括：效果、效率、充足性、公平性、回應性和適宜性。中國學者林水波和張世賢認為，政策評估標準應該包括工作量、績效、效率、充分性、公平性、充分性、適當性、執行力和社會指標。不同學者有不同的觀點，各有其側重點。我們認為，公共政策評估的標準大致有這幾個方面：①投入工作量，即在政策執行過程中所投入的各項資源的質與量以及分配情況。②績效，即根據具體明確的目標，分析政策對客觀事物與政策環境所造成的實際影響，績效既包括政策推動的結果，又包含民眾心中認定的滿意程度。③效率，即投入工作量與績效之間的一種比例關係。④充分性，即滿足人們需要、價值和機會的有效程度，它反應了績效的高低。⑤公平性，即公共政策所投入的工作量以及產生的績效在社會不同群體中公平分配的程度。⑥適當性，即公共政策目標和所表現出的價值偏好，以及所依據的假設是否合適。具體地說，公共政策追求的目標是否是社會期望的，公共政策的成本與利益分配是否公平、公正。⑦執行力，即探求影響公共政策失敗的原因，並進行因果模型的構建。⑧社會發展總目標，即對社會狀態與發展的數量進行描述和分析，既反應過去的動向，又可以作為社會現狀的說明。

4.2.2 公共政策評估的步驟

在學習公共政策評估的步驟之前，我們要先探討公共政策評估的基本組成內容。首先是規範，即確定公共政策評估得以進行的標準。規範是科學評估的先決條件，在評估活動中具有舉足輕重的作用。然後是信息，即收集有關評估對象的各種信息。這些信息既可以是高度精確的，也可以是很不精確的，既可以是定量的，也可以是定性的。其次是分析，即評估者運用所收集到的各種信息和定性、定量分析方法，對政策的價值做出判斷，得出結論。分析是最基本的評估活動。最後是建議，即對未來的公共政策實踐提出建議，以決定現有的公共政策是否延續、調整或終止。

公共政策評估是一個有計劃、按步驟進行、有規律可循的系統過程。雖然評估的步驟會因評估類型的不同而有所區別，但一般而言，主要包括準備、實施和總結三個階段。

4.2.2.1 政策評估準備階段

周密的準備活動是評估工作的基礎和起點，是評估工作得以順利進行和取得成功的前提條件。組織準備充分，就能抓住關鍵問題，明確評估的中心和重心，避免盲目性。制訂政策評估方案是準備階段的核心任務，評估方案是評估活動實施的依據和內容，其合理與否直接關係到評估質量的高低和評估活動的成敗。具體來講，評估方案的制訂包括這些步驟：

(1) 確定評估對象。作為評估的客體，各項具體執行的公共政策是既定的。但是，由於公共政策具有相關性，一個政策結果的形成往往受到多項公共政策的共同作用與影響。要清楚地劃分一項公共政策作用範圍的邊界並不容易。同時，並不是所有公共政策在任何時間都可以而且有必要進行評估。只有解決好評估什麼的問題，才能把評估的目標、標準和方法確定下來。

(2) 確定評估目的。評估目的決定了公共政策評估的基本走向。只有解決了為什麼要進行評估這個問題，才能使參與評估的各類主體達成共識，統一行動步調。

(3) 選擇評估標準。公共政策評估是對客觀事實的價值判斷。事實分析與價值分析，以及它們的有機結合，是評估標準的基本內容。評估標準通常是個指標體系，即根據評估目的所選擇的多個評估指標的集合。

(4) 規定評估手段。解決好如何評估這個問題是這個環節的中心任務。它包括許多內容，如規定和提出評估工作的具體步驟和方法；建立評估工作的組織結構；選擇合適的評估者等。

4.2.2.2 政策評估實施階段

評估實施是整個政策評估活動中最為重要的階段，其主要任務是採集評估信息，分析評估信息，做出評估結論。具體而言如下：

(1) 利用各種調查手段，全面收集有關政策制定、政策執行、政策影響和政策效益等方面的信息。收集信息的技術和方法很多，各有特點，使用時可以相互配合和補充，保證所得信息的全面性、系統性、準確性。

(2) 綜合分析政策信息。在前一步的基礎上，對收集到的有關數據和信息資料進行系統的整理、歸類、統計和分析。

(3) 選用適當的評估方法，對政策效果進行評估，做出評估結論。

在評估實施階段，評估者應該堅持材料的完整性和分析的科學性兩個原則，客觀、公正地反應出公共政策的實際實施效果。

4.2.2.3 政策評估總結階段

評估總結階段的工作主要有兩個內容：一是寫出評估報告，二是總結評估工作。政策評估者應做出書面的評估報告，提交給有關領導和部門，使之瞭解政策實施的最終情況，及時根據情況決定政策的下一步走向。評估報告除了對政策效果進行客觀描述、做出價值判斷、提出政策建議之外，還應包括對評估過程、評估方法和政策評估中的一些重要問題進行必要說明，對評估工作進行總結，以便提高今後的政策評估水平。

如何看待評估者所寫的評估報告的價值，同樣存在分歧。那些一開始就是勉強同意或不讚成對該項公共政策進行評估的政策主體，自然對評估報告毫無興趣。而那些支持評估的政策主體，對評估報告的態度也不盡相同，主要分為三種：對公共政策建議全部採納、部分採納或不採納。盲目地全部採納是不可取的，無需再討論。問題在於部分採納和不採納上。對評估者來說，他們總是希望自己提出的建議能被政策主體所接受。因此，政策主體和評估者之間的分歧必然存在，妥善地處理這些問題，對二者都尤其重要。

4.2.3 公共政策評估的影響因素

公共政策評估在理論上和實踐上都有著十分重要的意義。然而，在實際運作中，對公共政策進行系統、全面的評估卻是十分困難的，面臨著重重阻力和障礙。有些評估活動無法開展，有些評估活動只是形式缺乏實質，有些則與公共政策過程相差甚遠。清楚地認識影響公共政策評估的各種因素，有利於形成對公共政策評估作用的合理期待，有助於推進公共政策評估順利進行。

4.2.3.1 公共政策目標的多元性和彈性

公共政策評估的一個重要層面，是衡量該項公共政策是否達到目標，或者接近目標至何種程度。如果公共政策目標是單一的、明確的，並可用具體、量化的指標來表示，那麼開展政策評估就較為容易。然而，一般情況下，公共政策所要解決的問題並不是單一的，而往往是複合的，通常是許多問題糾纏在一起。其中任何一個問題又包含著許多複雜的方面。因此，公共政策的目標往往是多元的、複雜的，有些目標之間還存在著矛盾。根據什麼標準來確定多元目標的主次輕重並不是容易的事情。

同時，公共政策目標大多是彈性的，難以用具體、量化的指標來表達，這為政策評估增添了困難。有時，決策者還有意用含糊的、不太確定的形式來表達政策目標，以此增加某種應變能力。而且，有些政策目標設定的出發點並不在於解決問題本身，而是建立在滿足政治要求的基礎上，比如維護社會穩定，從而使政策評估難以用純粹的科學尺度來衡量。

4.2.3.2 公共政策效果的多樣性和影響的廣泛性

正如前面所述，公共政策實施所產生的效果往往是多重的：既有預期的，也有非預期的；既有顯現的、一目了然的，也有潛在的、不易感知的；既有實質性的，也有象徵性的。正是公共政策實施效果的多樣性和影響的廣泛性，再加上許多影響政策的因素難以測定，這給公共政策評估工作帶來極大的困難。比如，對中國計劃生育政策進行評估就不能僅僅考慮到生育率的下降，還要分析由此帶來的正面的、負面的影響，比如對家庭結構的影響、對性別比例的影響、對老齡化的影響等。

同時，政策實施效果的這些特性，還為反對政策評估的人提供了借口，為某些不科學的評價的出現創造了條件。例如，利益受損者可以從公共政策的廣泛影響中選取對其有利的因素進行評價，而沒有滿足評估的全面性和客觀性要求。

4.2.3.3 政策資源的混合與政策行為的重疊

政策資源的混合是指投入不同政策的資源彼此糾纏在一起，難以明確界定某些政策的總投入是多少。政策資源的混合使政策的成本難以核定，而政策的「純效果」也難以測定。政策行為的重疊是指針對相同或相似的政策問題和政策目標群體，不同的機構和部門都制定並執行各自的政策。各自政策的效果混雜在一起，很難將某些政策的實際效果從總體效果中區分出來。

4.2.3.4 行動與效果之間因果關係的不確定性

公共政策評估是建立在政策行動與實際社會情況改變之間的因果關係之上的，即要明確哪些社會情況的改革是由公共政策行為導致的。然而，要在行動與後果之間建立清晰的因果關係並非易事。社會實際情況的改變，往往會受到公共政策行動之外的因素的影響。這些因素大致有：

內在變遷。社會事件或目標群體的狀態會受自身內部因素的作用而發生改變，就像有些疾病會不治而愈。比如在評估扶貧政策的效果時，要考慮那些通過自己努力而脫貧致富的家庭與個人。

長期趨勢。從長期來看，社會發展存在一些總體的趨勢。這種長期的時間因素可能會影響結果的產生，提高或掩蓋政策的淨效果。比如，當經濟社會發展到一定水平後，人們的生育意願會自然下降，此時就可能高估計劃生育政策產生的效果。

介入事件。在短期內，突發事件可能會對公共政策的效果產生影響。比如，嚴重流行性疾病的蔓延對短期內經濟增長速度會產生相當大的影響。

4.2.3.5 信息獲取的難易程度

評估活動依賴於充分的信息。如果缺乏足夠的公共政策信息，政策評估就成了無木之本、無源之水，評估活動的科學性、可靠性就無從談起。在中國，公共政策系統還比較落後，公共政策信息工作尚未引起人們足夠重視。有些政策機構不重視信息管理，缺乏有效的政策信息收集手段和措施，所獲取的信息和數據殘缺不全，使得評估失去基礎和依託。另外，政策機構往往以保密為由拒絕公開應當公開的政策信息和相關資料，對政策信息公開設置障礙，從而使評估者特別是外部評估者，難以獲得足夠的信息開展評估活動。

4.2.3.6　公共政策評估的資源保障水平

政策評估需要投入相當的人力、物力和財力。但是，在現實中，由於評估工作及其價值尚未得到人們足夠的重視和認同，決策者和執行者並不願意從有限的政策資源中拿出足夠的人力、物力和財力進行評估活動。政策評估的資源保障常常處於短缺狀態。而且，即使有的政策機構願意提供政策評估所需的資源，他們也總是試圖影響政策評估的結論，對評估活動形成人為的干擾。

4.2.3.7　相關機構和人員的態度

政策評估最終要對政策的績效進行評估，對政策制定與執行的功過進行評估。這種評估可能有利於公共政策的決策者和執行者，也可能對他們產生不利影響，損害其切身利益。因此，與政策相關的機構和人員對政策評估既可能支持讚成，也可能反對抵觸。他們的態度取決於政策評估結果對其利益的影響。

公共政策評估往往受到相關機構和人員的抵制。這是因為：官僚組織具有天然的「惰性」，習慣一如既往地運行，不喜歡變革，而評估往往意味著變革的開始；擔心政策評估會得出損害他們利益的結論；對公共政策過程的獨占心理驅使他們反對他人進入，以免影響他們行動計劃的開展；人們具有本能的支配心理，在潛意識裡對自己及自己選擇的計劃和行動方案有所偏愛，喜歡品評他人而不願意接受他人批評。相關機構和人員的抵制主要表現為拒絕提供評估經費和資料，藐視、貶低或否定評估結論等。

公共政策評估質量的高低受很多因素的影響，清楚地認識這些因素不但有利於形成對公共政策評估作用和效果的合理期待，也有助於推進公共政策評估的順利進行。

4.3　公共政策評估的失效分析

4.3.1　政策評估的誤區

公共政策評估從理論規範的角度出發是一種出於公共目的、意在確定政策與事實之間因果邏輯關係的理性行為。總的來說，影響公共政策評估結論失誤的因素可概括為兩個方面：一是政策評估者的自身缺陷，它將會把評估結論帶入主觀故意的誤區；二是政策制定、執行者對評估者的干預，它使評估者可能違背自身意志得出扭曲的結論。前一種為主觀誤區，後一種情形為客觀誤區。

4.3.1.1　主觀誤區

主觀誤區主要是指這樣一種情形：政策評估者出於各種可能的不良動機，有意識在誇大或縮小、掩蓋或曲解評估中的某些事實，或者含混評估中的某些是非原則，以求實現某種特殊的目的。主觀誤區有三個共同點：第一，其評估動機從一開始就背離了「實事求是」的原則，但卻試圖經合法的評估程序得出事先商定的結果；第二，評估方法徒有虛名，具有典型的形式主義的特點，卻試圖經合法的評估形式將評估活動引向自己期望的方向；第三，政策評估內容方面的失真性、模糊性與形式方面的周全性、科學性的非正常統一，使主觀誤區的政策評估具有隱藏性和欺騙性。具體而言，主觀誤區的政策評估主要有這些表現形式：

(1)「以表象取代事實」，表現為文過飾非，規避責任，在提供事實時矯情造勢，隱藏某些關鍵性的事實，甚至不惜提供偽證，借以掩蓋自己的政策舉措失當甚至無能，或者借以推卸自己應負的責任或將責任推給他人。

(2)「以形式取代研究」，表現為最終的政策決定實際已經做出，或者對某些政策的實踐效果已經形成定見，但卻要借政策評估的形式肯定其定見的合法性。

(3)「以政治取代科學」，表現為借評估者攻擊一定的政策或攻擊一定的政策主體，而不顧及政策實際的效果，甚至運用不正當的評估詆毀對手，其目的不在於政策以及政策評估本身，而在於政策背後的利益。

(4)「以研究取代服務」，表現為借科學評估之名，使政策決定或政策終結遲遲不能完成，政策的效率因素受到損害。

(5)「以社會目的取代政府目的」，表現為借評估過高地估計本政策的實際效果，並通過媒介的巧妙運用誇大宣揚本政策的績效，以此博取功名。

(6)「以獲取資源取代政策目的」，表現為借評估證明政策的重要性，同時證明客觀資源的不足乃是影響政策的主要原因，進而試圖改進政策目標與政策資源的比例約數，要求更多地獲取政策資源，尤其是經費等經濟資源。

4.3.1.2 客觀誤區

客觀誤區是指另一種政策評估的情形：政策評估主體的主觀動機雖然是正當的，評估方法和程序亦是合理的，但由於客觀評估條件的限制，評估的過程和結果並不能反應客觀的事實，或者不能準確地反應客觀的事實，或者不能全部反應客觀事實，以至於評估的結果不一定可靠，不一定可信，從而使政策評估的功用極為有限。政策評估的客觀誤區主要包括：政策目標的不確定性、政策效果的不確定性、因果關係的不確定性等。由於這些內容與下面將要闡述的政策評估的障礙中的一些內容重複，在此不做詳細論述。

4.3.2 政策評估的障礙

由於公共政策在國家發展和社會進步中的巨大作用，政策評估顯得尤為重要，評估研究也逐漸引起重視，成為一個獨立的研究領域。但政策評估作為政策過程的一個環節，卻存在著諸多障礙，影響評估的科學性。影響公共政策評估的障礙來源是多方面的，有的源於政策本身，有的源於政策制定者，有的源於評估者，有的源於評估條件等。這些障礙在很大程度上影響和制約了公共政策評估的科學性，因此有必要對這些障礙進行分析研究。

4.3.2.1 來自公共政策本身的障礙

來自政策本身的障礙主要是由公共政策本身固有的特點決定的，即公共政策的

「多重不確定性」，包括政策目標的不確定性、政策效果的不確定性、因果關係的不確定性等。

(1) 政策目標的不確定性。政策評估的一項重要任務就是衡量政策是否達到預定目標，這要求政策本身具有明確的、可測定的目標。但是，由於政策問題的複雜性以及政策制定者的一些主觀因素，使政策目標難免出現分散和不確定的情況，比如：許多政策目標不可量化，像一些政治類和文化類的政策；多數政策具有多重目標，並且有些目標之間還存在著矛盾；在政策執行過程中，政策目標還可能發生變更而被修正；決策者有時有意用含糊的、不太確定的形式來表達政策目標，以此增加某種應變的能力。以上這些情況都可能導致政策評估主要價值標準的選擇和價值標準序列出現混亂，增強了政策目標的不確定性，從而給政策評估造成極大困難。

(2) 政策效果的不確定性。一項政策的影響往往涉及社會生活的多個層面，其中有預期的影響，也有非預期的影響；有直接的影響，也有間接的影響；有即時的影響，也有長遠的影響；有實質性的影響，也有象徵性的影響。例如，中國的計劃生育政策的基本目標是控製人口數量，提高人口素質。但是，這項政策的執行效果卻不僅僅是對人口數量產生影響，還帶來了一系列連帶效果，這項效果有正有反、有利有弊，如：它使人們逐漸改變了「多子多福」「養兒防老」等傳統的婚育觀念，促使人們逐漸形成「晚婚晚育、少生優生」的婚育觀念；它有利於婦女的身體健康，增加了婦女參加社會工作的機會，提高了婦女的社會地位等。但是，這項政策的實施也帶來了一些負面影響：它使中國出生嬰兒比例失衡，導致獨生子女戶存在後顧之憂，使干群關係緊張，使中國人口老齡化趨勢加快等。政策效果的多樣性和不確定性，以及許多影響政策的因素難以確定，這就給評估帶來了很大的困難。同時，政策效果的不確定性還為某些反對評估的人提供了借口，也為某些不科學的評估的出現創造了條件。比如：有些評估者從局部利益出發，往往從廣泛的政策影響中選取對本身有利的因素進行評估，而把另外的一些影響人為地忽視掉，從而影響了評估的全面性和客觀性。

(3) 因果關係的不確定性。因果關係是公共政策過程中的一種基本的關係形態，也是政策評估需要確定的基本的關係形態。但是，在實際的評估活動中，人們經常難以充分地證明：某種客觀情形的改變是否直接起因於某一項公共政策的實施，即是否由於某一項公共政策的實施而導致了某一社會事實的出現；或者某種客觀情形的改變是與多項政策的實施緊密相關的，即是否是多項政策同時作用的結果。比如：糧食產量的增加是否完全是一項關於增產糧食的農業政策的結果？顯然，這一農業政策可能在其中發揮了主導作用，但是並不能完全歸功於該政策，因為還有其他一些政策在起輔助作用。因此，在政策評估中，在所有因素中，究竟哪一個因素起主導作用，哪一些因素發揮重要作用，哪一些因素發揮了一般性作用，常常是政策評估者面臨的一大難點。

4.3.2.2 來自政策制定者和執行者的障礙

來自政策制定者和執行者的障礙也可以說是政府態度的不確定性，政府、政府機關、政府官員既可以是政策評估最強有力的支持者，也可以是最強有力的反對者。因此政策評估最終都不可避免地涉及政策功績的判斷，而政策是由人來制定並執行的，政策評估客觀上是對有關人員行為的一種價值判斷。據此，政府的態度便取決於他們對政策評估價值判斷傾向的認同程度。在許多情況下，尤其是在評估主體來自政府體制之外時，作為「組織」的政府及其工作人員常常會在認識上產生誤區，如持有懷疑、抵觸的態度，並在行動上進行阻撓。

首先是認識上的誤區。認識上的誤區主要表現為對評估的態度消極，甚至是反對。究其原因主要有：一是擔心評估會得出不利於他們的結論，從而影響他們的前途和利益。對於政策制定者和執行者來說，政策制定和執行傾註了他們大量的勞動和心血，而評估的結論與他們的個人利益緊密相關，特別是評估的結果往往涉及政策制定系統的各個組成部分中擔當特定角色的具體人員的素質和能力評判問題，因此，對於那些處在重要領導崗位、掌握實權但素質與能力低下的政策制定者而言，他們往往會對評估持有消極甚至是竭力反對的態度，往往將對其不利的評估結論視作「不同政見」，漠視乃至抵制評估結論。二是對政策過程的獨占心理驅使決策者反對他人進入他們所獨享的政策過程。政策評估的性質決定評估必然要尋找政策及執行方面的問題，並分析原因以促進資產的科學化，這勢必會透視被少數政策制定者所壟斷的較為隱密的決策過程，決策者擔心這一舉措會有損他們的神秘形象，有損他們的政策權威，從而容易引起他們的反感。

接著便是行動上的阻撓。人本能的支配心理使得政策制定者和執行者往往對評估表現出抵觸，如拒絕提供評估經費，拒絕提供評估所需的真實資料，甚至提供經過篩選的虛假信息，力圖掩蓋事實真相，更有甚者採取其他手段給評估設置障礙。在政策評估面臨的所有困難中，人為的抵觸是最直接的也是最嚴重的困難。

4.3.2.3 來自評估者的障礙

來自評估者的障礙主要有兩個方面，其一是評估者不能超脫私利而搞形式評估，其二是評估者的素質和能力不足。所謂的形式評估是指評估者囿於個人的私利按照事先設定的結果進行操作，評估的目的是通過合法化的程序得出事先設定的結果。因此，在評估方法上常以定性分析代替定量分析，以價值分析代替實證研究。其結果是使評估流於形式。而所謂評估者素質和能力不足則體現在，在實踐中，由於評估者的素質和能力參差不齊，往往無法較好地兼顧實證研究工作與理論分析工作。但政策評估卻是一項集實證研究與理論分析於一身的工作，它對評估者的素質和能力有著較高的要求，即評估者不僅要掌握評估技術方法，還必須具備一定的理論素養和分析能力。

4.3.2.4 來自評估條件的障礙

物質基礎是政策評估科學化不可或缺的重要保證。物質基礎不具備勢必會影響政策評估，主要是資料和經費。

首先是資料不足的問題。如果沒有足夠的資料，政策評估就成了無本之木、無源之水，因此收集真實而全面的資料和各種數據是進行政策評估的基礎和前提。但是在實踐中，出於種種原因，如：政策制定與執行機關不重視信息管理，或者信息系統不完備，或者對政策信息的收集和處理散亂，或者不情願向評估者提供真實信息等，使政策評估所獲得的資料往往是殘缺不全、雜亂無章的，這些會大大增加政策評估的難度。

接著是經費不足的問題。政策評估是一項複雜、系統的工作，需要投入相當的經費、設備和人力。但在現實中，評估工作及其價值尚未引起人們足夠的重視和認同，有關部門往往肯在政策制定和執行方面投入資源，但卻不太願意從政策資源中拿出成本做評估之用，導致政策評估常常處於經費短缺狀態，即使有的機構願意提供經費，但數量有限並且總是千方百計試圖影響評估的結論，這會使得評估的科學性大受影響。

4.3.2.5 其他方面的障礙

除了上面所述的障礙外，還有一些其他影響公共政策評估的因素，比如政策成本與收益不易核算、政策評估結果閒置無用等。一方面，政策評估必須搞清楚政策的成本與收益。由於政策資源在投入時往往對幾個同時實施的政策的資金採取同時撥付，所以常常不能做到專款專用，並且許多政策是建立在原有政策的沉澱成本基礎之上的，無形中增加了政策成本的計算難度；此外，政策的收益也存在難以量化的問題等。這些問題都成為政策評估科學化的障礙，不利於政策評估順利實施並達到預期效果。另一方面，由於政策評估主客觀方面存在諸多障礙，政策評估的結論即使準確，也常常受到政策制定機關和執行機構的非議和冷淡而被束之高閣。這樣就會使得政策評估難以推動政策科學化。

4.3.3 關於發展中國公共政策評估事業的思考

隨著社會進步和時代的發展，政策評估日益受到人們的重視，政策評估科學化和法制化的要求也日益強烈。雖然中國政策科學研究的起步較晚，但近年來，中國政策科學研究以及公共政策評估等方面的研究都取得了一定的發展。隨著中國政治體制改革的不斷深入以及政策科學理論與實踐的逐漸深化，公共政策評估在社會發展中的作用越來越重要。因此，需要對中國公共政策評估事業進行下面的思考。

4.3.3.1 中國公共政策評估存在的問題

綜合各學者的觀點，以及中國政策評估實踐中的具體情況，我們認為中國政策評估活動還存在這些問題：

（1）公共政策評估理論不完善。與西方國家相比，中國的政策科學起步較晚，近年來雖然中國的政策科學研究，特別是政策評估研究不斷深入，取得了一些成績，但整體而言，中國的政策評估理論在很多方面還不是很成熟，需要進一步研究。

（2）公共政策目標的模糊性和多變性。公共政策評估是考察、檢驗政策實施是否達到了預期目標，或者在多大程度上達到目標。但是因為中國公共政策的特點以及政策本身的性質，政策目標往往比較模糊，不夠清晰。而且，許多公共政策目標具有多重性，很難量化。更為重要的是，在公共政策執行過程中，政策目標可能因客觀環境的變化或政策制定者的意志的改變而發生調整。

(3) 公共政策評估組織不規範。政策評估組織一般應該包括官方評估組織和非官方評估組織。中國政策過程的一個顯著特點是行政的雙軌結構功能系統，即從中央到地方的各級的黨委與各級人民政府，中央設有中共中央政策研究室、國務院發展研究中心、國務院國際問題研究中心，各級地方黨委和政府設有政策研究室，分屬黨委和政府兩個系統。這些機構中也設立了相應的政策評估機構，但是這些機構僅代表官方的政策研究機構，不包括非官方的政策評估機構，也就是說，中國的政策評估機構還不夠規範。

(4) 缺乏正確的政策評估機制。中國的政策評估理論的缺陷和實踐經驗的不足，導致中國還沒有建立科學的公共政策評估機制，導致評估工作主觀隨意性很大，評估目的和動機不當往往使得政策評估沒有真正發揮效能。

(5) 評估信息管理機制的不健全。政策評估是根據政策及其實施效果的相關信息對政策效果進行總體判斷，所以所需信息的權威性、客觀性、全面性和有效性是政策評估質量的保障。目前中國政策評估信息管理機制和體制還不夠健全，使得相關資料不完整，統計數據不準確，也使得公共政策評估難以獲得有效的信息。

(6) 公眾對公共政策評估的參與度不夠。公眾願意，並且能夠積極參與公共政策評估是政府政策深入人心、發揮作用的保障，也是其改善與公眾關係、提高公共服務質量的需要。但是，傳統行政管理自上而下的金字塔形的等級模式限制了公眾參與政策評估的機會。即使公眾參與了政策評估活動，其關於政策的觀點在總體觀點中的權重也很小。這種現狀導致評估結論的可靠性大大降低。

4.3.3.2　中國公共政策評估存在問題的對策

針對中國公共政策評估存在的問題，我們建議要從以下幾個方面去解決。一是強化公共政策評估意識。公共政策評估意識是政策評估成功的思想保證，評估意識的薄弱是公眾政策評估質量的最大障礙，所以決策者、評估者及相關主體必須深刻認識到政策評估的重要性實現公共政策評估的科學化和常態化，提高政策評估的精確性和準確性，從而提高公共政策決策的效率。二是加強公共政策評估理論研究。較為完善的理論是優化公共政策評估制度和體系的前提，沒有紮實的基本理論做支撐，就不可能建立科學的政策評估制度、健全的政策評估體系及合格的政策評估隊伍，政策評估活動就不可能取得滿意的結果。三是建立高效的公共政策評估組織。公共政策評估組織是進行有效評估的組織保障，不僅要在黨政系統內部建立政策評估組織，而且還要建立政策評估的非政府組織。更為重要的是，這些組織必須具有科學、高效和準確進行公共政策評估的能力。四是完善政策評估信息網路系統。信息既是決策的基礎，也是評估的依託。應建立覆蓋全社會的快速信息反饋網路，最大限度地實現決策中心、評估組織和公眾之間的有效溝通，最大限度地避免信息截留、失真。五是積極探索科學的公共政策評估方法和指標體系。科學的政策評估方法和全面準確的政策評估指標體系是保證公共政策評估得出可靠結論的技術保障。現行的政策評估方法存在不少缺點，評估主體必須根據政策的類型和性質，不斷地探索和選擇合適的政策評估方法。評估指標的選擇及其權重的設計是評估主體長期鑽研的問題。六是實現公共政策評估的制度化。公共政策評估制度化事提高政策評估質量的重要保證。隨著社會經濟的發展，公共政策的重要性越來越被強化。公共政策也無時不在、無處不有。所以將公共政策評估制度化、常態化是政策決策的需要，更是社會發展的需要。七是重視公共政策評估結論的消化和吸收。要重視政策評估質量，合理利用政策評估結論，以期達到公共政策目標，促進社會發展。

5 公共政策的終結分析

5.1 公共政策終結的概述

在獲得公共政策結果的信息後，公共政策決策者面臨著對公共政策去向的判斷和抉擇：是應該終止該政策，還是繼續下去，或是加以調整和革新。如果決定終止某項政策，就意味著該項公共政策生命的結束，即公共政策終結。它是公共政策過程的最後一個階段。對一項被證明是無效的或已經完成其預定目標的公共政策進行及時的終結，有助於提高公共政策的效率。接下來，我們將對公共政策的終結進行分析。

5.1.1 公共政策終結的含義

世間萬物都要遵循從產生到發展再到衰亡的自然規律，公共政策也不例外，也有終結之時。而關於公共政策終結的內涵，國內外學者給出了不同解釋。布魯爾認為：政策終結是政策與計劃的調試，大凡政策與計劃無法發生功能或已經成為多餘時，甚至不必要時，則將政策與計劃予以終止或結束。德利翁認為：政策終結是政府當局對某一特殊功能、計劃、政策或組織，經過深入評估而予以結束或終止的過程。丹尼爾斯認為：政策終結是對政府項目、政策、組織的終結，也是組織為削減預算對自身的調適和政府服務民營化而產生的削減。陳振明認為：公共政策的終結是政策決策者通過對政策或項目進行慎重的評估後，採取的必要措施，以終止那些過時的、多餘的、不必要的或無效的政策或項目的一種政治行為。林水波認為：公共政策終結隱含了一套期望、規則與慣例的終止，政策活動的停止、機構組織的裁撤，同時它也是新期望的提出，新規則、慣例的建立，新活動的展開，機關組織的更新與發展。

綜合以上觀點，結合中國實際情況，我們認為公共政策終結是政府決策者根據政策評估結果，對已經無法發揮其功能、多餘或者過時的政策與計劃予以終止或結束，是政府的再決策行為。需要從以下幾個方面對這個定義進行深度理解：

首先是政策終結的主體應該是政府，其他任何組織或個人無權終結公共政策。但政策終結的過程是政府與公眾互動的過程，不是政府單方面的行為與決策；政策終結的客體是實施中的不能發揮其正常功能、多餘或者過時的政策或計劃。

然後是政策終結是政策過程的重要環節。政策終結處於政策過程的末端，是政策過程的最後一個環節，由於其較少發生，人們往往忽視它的存在。在這裡，我們強調政策終結是完整的政策過程的不可缺少的有機組成部分，它是優化政策系統，提升政策系統科學化、理性化不可忽略的環節，在政策過程中佔有重要地位。

其次是政策終結的前提是科學的政策評估。政策終結是建立在審慎評估的基礎上而做出的科學決策行為，政策評估的結果決定了政策終結是否會發生。當評估結果顯示，政策無法發揮其功能，以及過時或者多餘，或者已經無效甚至有若干反功能時，政策終結將被啓動。

再次是政策終結是一個發展的概念。在政策生命週期的視野中，政策終結實際上所包含的是舊的政策壽終正寢和新的政策粉墨登場這樣的含義，它起到承上啓下、吐故納新的作用。政策終結並不是一種消極行為，而是具有積極意義的公共政策變遷和調整，既是前一項公共政策週期的終結，又是後一項公共政策週期的開始；既是一個舊週期的終點，又是一個新週期的起點。

最後是政策終結是一個政治過程。公共政策除了可以解決具體的經濟社會問題之外，還是政府協調各種社會力量、實行政治統治的工具。政策終結意味著各種社會力量的利益平衡被打破，在政策終結的過程中，往往包含著各種社會力量的鬥爭和博弈，這些鬥爭和博弈甚至會反應在議會等最高決策機構層面，因此，政策終結的過程是一個頗為複雜的政治過程。由於政策終結暗含著錯綜複雜的利益鬥爭，因此它要求決策者運用超高的政治智慧和政治藝術，採取靈活的策略，加以妥善處理。

5.1.2 公共政策終結的內容

公共政策的終結有四種內容。它們在政策終結中所遇到的阻力依次遞減，其中功能遇到的阻力最大，最難消失。即使在組織被撤銷以後，政策的功能也可能由別的組織來執行，組織或機構遇到的阻力次之，既存的機構組織會不斷地自我調整以適應變化了的環境。相對而言，政策本身和項目由於其面對終結時能找到的同盟最少，因此阻力也就最小。

5.1.2.1 功能的終結

功能的終結即終止由政策執行所帶來的某種或某些服務，在政策終結的所有內容中，功能的終結最為困難。因為一方面，功能的履行或承擔，是政府滿足人民需要的結果，若取消，勢必會引起有關方面的反對；另一方面，某項功能往往不是由某項政策單獨承擔的，而是由許多不同的政策和機構共同承擔的，要予以終止往往需要做出大量的組織和協調工作。

5.1.2.2 組織或機構的終結

伴隨著政策終結進行的機構縮減或撤銷，就是機構終結。有些機構是專門為某些政策而設立的，隨著政策的終結，機構也隨之撤銷；有些機構，往往同時承擔著多項政策與功能，某項政策的終結不足以導致機構的撤銷。因此，通常的做法是通過縮小規模、減少經費等辦法對機構進行縮減。機構終結的困難也比較大，因為它關係到有關人員的切身利益，在實施時難免遭到有關人員的強烈抵觸，使得機構終結無法順利進行。這就是為什麼我們會在現實生活中看到許多本該隨著某些政策歷史使命結束而應裁撤的機構仍然存在的原因。

5.1.2.3 政策本身的終結

與前兩種終結相比，政策本身的終結所遇到的阻力較小。這是因為，就某項具體政策而言，其目標比較單純，如教育政策、社會福利政策等，容易進行評估並進行取舍。另一方面，政策更改的成本遠比功能轉變、組織調整要小得多，因而容易得到實際部門的認可。再加上政策的可選擇性較大，也使得政策本身的終結在操作上比較容易實現，不像機構終結那樣受到多方面的牽制和約束，不容易操作，實行起來步履維艱。

5.1.2.4 項目的終結

項目終結即政策的具體項目以及執行措施的終結。在所有的終結內容中，項目的終結最容易達成。因為具體項目以及執行措施與實際問題相連接，結果好壞或影響怎樣有目共睹，容易達成共識。

需要注意的是，政策終結各內容之間並不是相互孤立的，它們之間常常會一損俱損、一榮俱榮，但又不完全是相互連帶的關係。具體來講，比如功能的終結伴隨著政策或項目的終結，但是可能不會引起機構的終結；再比如機構的終結和政策的終結相互聯繫，但是並不意味著功能的終結。政府外包服務就是很好的例子，政府將某項服務外包給企業或者非營利性組織，就意味著政府不再承擔此項職能，但可能相關部門或機構仍然存在，只是轉變了職能，轉而承擔政策制定和監督管理等宏觀職能。

5.1.3 公共政策終結的原因

一項公共政策沒有達到預期目標或對它要解決的社會問題沒有發揮作用，其原因是多方面的。可能是由於公共政策的投入不足，或者是由於該公共政策在實施過程中遇到的目標群體不配合甚至抵制，也可能是由於某項政策所造成的負面影響太大，或者是由於一些社會問題非常的複雜，解決的難度很大，或者政策問題的變化較快，而該政策制定和執行的環境因素也處在不斷的變動之中等。這些都會導致公共政策無法發揮其預期的作用。具體來講，導致公共政策終結的原因如下：

5.1.3.1 政策系統本身的要求

政策系統是一個不斷進行新陳代謝的開放系統，隨著社會經濟發展以及國際形勢的變化，無論是政策系統可利用的資源，還是政策所要解決的問題，都處於一種不確定的變動之中，政策系統只有保持其開放性、不斷地與周圍環境互動、修正自身的不足，才能獲得可持續發展。我們常常發現，一項政策的制定花費了大量的時間，經過了嚴格的調查和科學的論證，經過一段時間的運行後，由於主客觀環境發生了變化，政策效力開始逐步遞減，進而失效或產生負效應。所以，政策系統只有不斷地推陳出新，隨著環境的變化廢除舊的政策、制定新的政策，才能保證政策的科學與理性。

5.1.3.2 政治觀念或者價值取向的轉換

一般來講，我們認為政策終結的原因是因為政策的無效或者過時。德利翁和卡梅倫卻提出了另外的觀點，他們認為相對於政策評估結果，政治價值觀念和意識形態的變化在政策終結中更能起到核心作用。德利翁指出：是價值立場而不是嚴密的分析或者評估引發了政策終結活動。卡梅倫進一步指出：在當局做出政策終結的決策之後，與決策者思想不一致的數據將被忽略或者搪塞過去，對價值信條的絕對忠誠比對政策終結潛在的風險的研究調查要重要得多。縱觀世界各國經驗，他們的理論具有相當的解釋力，即一旦政治觀念或者當局的價值取向發生變化時，公共政策的相關內容也必然發生變化。

5.1.3.3 財政困難、財政赤字、稅收減少而導致政策或者項目的終結

政策資源是政策繼續的保障，當出現財政方面的問題時，某些政策就可能面臨終結。比如在20世紀80年代，英美廢除了相當一部分福利政策，最主要的原因就是這些福利政策給政府帶來極大的財政負擔。而福利政策的終結減輕了財政負擔，保證了自由市場經濟的快速發展。

5.1.3.4 政策目標已經實現

當一項政策的目標已經實現，問題已經解決，政策就沒有了持續下去的必要。過期的政策不僅不能有效地解決社會問題，反而會導致社會治理成本的增加、資源的浪費、政府信任關係的消解等問題，及時地終結政策有助於減少或緩和政策衝突與矛盾，也能大大提高公共政策的效率。

5.1.3.5 政策自身消極作用大於其積極作用或局限性大於其有效性

任何一項政策都不同程度地存在著副作用，當政策出現不能在其適用範圍內發揮作用或者發揮的作用極為有限時，可以通過政策調整使其繼續發揮作用，或是終結該項政策實行政策更替。

5.1.4 公共政策終結的方式

巴達克在其《作為一種政治過程的政治終結》一書中提出了政策終結的兩種路徑。第一種路徑被稱作「大爆炸」式的政策終結路徑。在這種路徑下，政策終結是一個已決議的事項，它在強力推動下迅速轉換，由於發生得極為迅速有力，反對者甚至沒有時間做出反應。這也是最經常發生的路徑。第二種被稱作「緩進式」的政策終結路徑，也叫作逐步刪減策略。這種路徑步調十分和緩，通過一步一步地減少組織或政策資源，消除組織的功能，逐步地終結政策。結合中國的實踐，具體來講，政策終結的形式主要有以下幾種：

5.1.4.1 政策廢止

政策廢止即直截了當宣布一項政策的廢止。政府根據政治、經濟和社會經濟形勢的發展變化，不定期地清理、廢止不合時宜的政策。

5.1.4.2 政策替代

政策替代指的是新政策替代舊政策，但所面對的問題不變，所要滿足的要求也不變。在這裡，新政策是對舊政策的補充和修正，目的是更好地解決舊政策所沒有解決好的問題，以充分實現政策的目標。

5.1.4.3 政策合併

政策合併指的是舊政策雖然被廢止了，但政策要實現的功能並沒有取消，而是將其合併到其他的政策中去。政策合併有兩種情況：一是將原有的政策內容合併到現有政策中，作為現有政策的一部分；二是將多個舊政策經過調整，合併成一項新政策。

5.1.4.4 政策分解

政策分解指的是將舊政策的內容按照一定的原則分解為幾個部分，每個部分各自形成一項新的政策。當原有的政策過於龐雜，目標眾多以至於影響到該政策的有效執行時，常常採用分解的辦法，將原政策按主要的目標分解成幾個較小的政策，這樣有利於執行者明確政策目標，提高執行效率。

5.1.4.5 政策縮減

政策縮減指的是採用漸進的方式對政策進行終結，以緩衝終結所帶來的巨大衝擊，逐步協調好各方關係，減少損失。主要表現形式有：縮小對政策的資源投入，減小實施範圍，放鬆對政策執行的控製等。政策縮減的另一種方式是：把政策中過時的不合時宜的部分廢除，而保留原來政策中合理的部分。

5.1.4.6 政策的法律化

一項經過長期實行、確實有效的政策，為了提高其權威性和強制力，經過立法機關或授權立法的行政機關的審議通過，上升為法律或行政法規，這是另一種意義上的政策終結。

5.1.5 公共政策終結的地位與作用

公共政策的終結是公共政策發展的重要前提和基礎，而公共政策的發展對規範和促進經濟與政治的發展都有著重要的作用。在現代社會，隨著社會的發展和社會事務的日益複雜多樣，公共政策在引導和規範社會生活中的作用更加重要，因此，及時終結一項失誤的或是已經完成使命的公共政策意義重大。

5.1.5.1 政策終結的地位

政策終結在政策過程中的地位主要表現為兩個方面：一是政策終結宣告了舊政策的結束，二是預示著新政策的啓動。舊政策的結束就意味著原有政策活動的終止，相關期望和利益的轉移，規則和措施的取消，有關機構的裁減或撤銷，相關人員的分配與安置等。而新政策的啓動則意味著新的期望和利益的建立，新規則和措施的實施，組織機構的更新與創建，相關人員的選擇與安排。政策終結既是結束，也是開始，在政策的週期循環中擔負著承上啓下、開拓未來的關鍵任務，是政策過程中一個不可或缺的環節。

5.1.5.2 政策終結的作用

首先，有利於節省公共政策資源。一方面財政和社會資源對於任何一個國家或地區的政府來說都是有限的，而公共政策的制定和執行則需要投入大量的資源。如果不能及時終止一項已經過時的或者是無效的公共政策，那將是對有限的公共政策資源的極大浪費。另一方面，如果無效的公共政策繼續執行下去，不僅不會給社會帶來任何效益，甚至會造成某種危害，尤其是當這項公共政策有錯誤時，它會導致資源配置低效、無效甚至是失效，從而浪費社會資源，加重政府的財政負擔。及時地終結失效或者無效的公共政策，可以將有限的資源最大限度地投入到新的公共政策上去，以產生更大的政策效益。

然後，有利於提高公共政策績效。舊政策的終結意味著新政策的啓動、新規劃的誕生以及相關機構和人員的更新與發展，這無疑有利於更好地解決問題，促進公共政策績效的提高。尤其是在當代社會，世界呈現出多極化趨勢，其影響所及，使得各國公共政策問題的類別、性質隨時間和空間的變化也不斷變化並日趨複雜。在種種障礙和制約因素的影響下，公共政策決策者難免制定出無效的或是錯誤的公共政策。因此，一旦在變化發展的環境中發現某項公共政策無法解決面臨的困難和問題，公共政策決策者必須及時終結原公共政策，不斷調整自己的政策行為，才能在發展與變動的環境中充分運用有限的資源，取得更好的公共政策績效。

其次，有利於避免公共政策僵化，促進政策的更新。所謂的公共政策僵化，指的是一項長期存在、沒有及時予以終結的公共政策，在發展變化了的環境下，繼續執行該項公共政策，不僅不能解決問題，反而成為解決問題的阻力和障礙。公共政策僵化將會帶來嚴重的後果。公共政策作為政府行為，一經頒布就具有了強制性，成為社會行動的準則。如果人們違背一項沒有宣告終結的公共政策，這項具有合法性的公共政策必然會做出反應，給予相應的約束和制裁，由此也就遏制了人們的積極性和創造性的發揮。因此，通過公共政策終結可以避免出現公共政策僵化，終結一項不適應時代要求的政策，會給社會帶來活躍的氛圍。

最後，有利於促進公共政策優化。公共政策在社會發展中具有舉足輕重的作用，公共政策既能促進一個社會的繁榮，也能使一個社會瀕於崩潰的邊緣，對於中國來說，改革開放政策與「文化大革命」政策分別是這兩種情況的典型例子。從某種意義上講，一個社會或國家的命運在很大程度上取決於其公共政策的水平。由於社會的繁榮和落後在時間上是相對的，在空間上是動態變化的，因而就要不斷提高公共政策水平，即對公共政策進行優化是很有必要的。公共政策終結有助於促進公共政策優化，體現在兩個方面：一是公共政策人員的優化。公共政策人員不僅包括公共政策決策者，還包括公共政策執行者以及參與公共政策過程的其他人員。由於公共政策終結意味著人員的裁減與更新，因此，終結舊政策有利於優化公共政策人員，促進公共政策向更高層次發展。二是公共政策組織優化。公共政策組織的優化是公共政策優化的核心內容。如果僅僅是人員的優化，還達不到公共政策優化的目的。因為公共政策人員只是公共政策組織的一部分，公共政策活動必須通過組織機構才能進行。優化的公共政策人員只有在優化的組織結構中才能制定和執行優化的公共政策。既然公共政策終結伴隨著組織機構的裁撤、更新和發展，那麼公共政策終結必然有助於公共政策組織的優化，人們不僅可以利用公共政策終結實現組織內部人員的優化組合，使不同素質特長的公共政策人員有機結合，形成最佳的總體效應；而且可以借此促進公共政策組織體系的優化，從而進一步針對公共政策所涉及的不同層次和領域，建立更為合理的公共政策機構。

5.2 公共政策終結的障礙與策略

與公共政策評估相比，公共政策終結主要不是一種分析研究的過程，而是一種行動的過程。但由於它同樣涉及人員、機構和制度等一系列複雜因素，因此，公共政策終結具有相當大的難度，隨時隨處可以看到大量低效、無效甚至是完全沒有必要的公共政策充斥於政府的政策活動中，許多應該終止的公共政策得不到及時終止，即使是一項具有明顯失誤的公共政策，要予以終止，也會碰到許多困難。如何促進公共政策終結，已經成為當今各國政府在公共政策實踐中面臨的一個重要問題。分析公共政策終結面臨的障礙，進而探討出促進公共政策終結的有效策略，勢在必行。

5.2.1 公共政策終結的障礙

阻礙公共政策終結的因素涉及公共政策影響所及的方方面面。一項影響範圍越廣的公共政策，終結的障礙就越多。德龍把公共政策終結的障礙概括為六個方面：理智上的抵制、組織機構持久性、組織的動態保守性、反對勢力的聯合、法律上的障礙以及高昂的啓動代價。有些學者則將公共政策終結的障礙概括為兩大因素：一是組織方面的考慮；二是代價，包括情感、政治、法律或財政上的代價。因此，在此基礎上，結合中國具體實踐，我們將公共政策終結面臨的障礙歸納為：

5.2.1.1 心理上的抵觸

對政策終結存在抵觸心理的主要有三種人：政策的受益者、政策的制定者、政策的執行者。政策制定者不願意承認他們制定的政策不再有存在的必要，更不願意承認在制定政策的過程中所犯的錯誤；政策執行者不願意看到政策被終止；政策受益者不願意既得利益受到損失。這三類人的抵觸心理，往往成為政策終結的首要障礙。

一般而言，抵觸心理來源於兩個因素。一是利益因素。利益因素既可以是經濟上的利益，也可以是權力、地位等政治上與社會上的利益。對不同的行為主體，公共政策終止可能造成不同的影響，從而他們對政策終結的反應也就不同。二是習慣與認知。習慣主要表現為對舊政策的認同感以及對舊政策終結以後帶來的不安全感。人們對一個事物總會有著固定的思維模式或行為習慣，一旦事物發生改變，人們就會顯得不安，甚至會對未來的不確定性產生恐懼。公共政策的終結必然會帶來很多新情況，尤其是已經實行了很長時間的一些政策，人們已經對這些政策產生了習慣和依賴，這必然會引起人們對新政策的抵制。人的認識是一個不斷深化過程，人們的認識是不可能一蹴而就的。人們總是要在接受一定信息的基礎上，通過主觀思維進行判斷即認知，才有可能對此有較為全面的瞭解。這需要一個過程。對於一項公共政策的終止，在一些組織中，如果事先未能就有關該公共政策終結的原因、目的、措施等做出宣傳和澄清，事後又不做妥當的處理，組織成員或社會其他成員對該公共政策的終結缺乏足夠的瞭解，就會給終結帶來較大的阻力。

5.2.1.2　機構的持續性

組織結構具有三個特性，這三個特性在某種程度上都成為政策終結的障礙。一是機構的慣性。當不同的機構相互配合併開始執行某項公共政策時，一種慣性就產生了。機構的慣性使得公共政策執行一旦開始就很難停止。如果要想修改其方向或是讓其停下來，必須從外部施加很大的力量才能做到。這是因為機構的慣性使它本能地反對任何形式的變化。二是機構的生命力。機構如同人一樣，生存的能力很強。公共政策終結危及組織機構的生存時，它會千方百計地減輕所面臨的壓力，或者改變策略，或者調整結構，想方設法地延緩公共政策終結的進程，給公共政策終結帶來消極影響。三是機構的動態適應性。機構本身有一種動態的適應性，可以隨環境和需要的變化而產生變動，甚至能針對公共政策終結的各種措施來調整自己的方向，使政策終結計劃破滅。

5.2.1.3　行政機關的聯盟

由於某項公共政策的執行而獲得既得利益的一些行政機關，為了維護自身的既得利益，往往會在公共政策面臨終結時結成聯盟，共同反對公共政策終結。這些行政機關，一方面會要求其內部成員齊心協力共同抵制政策終結，另一方面會相互團結、拉攏和接近政府內外有影響的人士來抵制終結。這種行政機關一旦結成一個共同體，就能極為有效地延緩甚至阻止公共必然政策的終結，這是因為行政機關比其他社會組織具有進行政治活動的便利條件，可以利用自身有利的地位對公共政策終結施加影響。

5.2.1.4　利益集團的影響

利益集團就是利益相同的人為爭取和保障自己的權益而結合起來形成的團體。由於公共政策大多涉及利益與價值的分配，因而各利益集團通過各種渠道努力影響公共政策。當一項公共政策將被終結時，反對公共政策終結的利益集團為了維護既得利益，必然會採取各種合法或非法的手段和途徑來阻止公共政策終結。現代公共選擇理論證明，利益集團的力量很大，他們總能左右公共政策，他們和政治家、政府官員相互利用，形成一個鐵三角。利益集團的存在，成為公共政策終結的最大阻力之一。

5.2.1.5　法律上的障礙

任何公共政策方案的抉擇和合法化，政策制定和執行的組織機構的建立，都要通過一定的法律程序來進行。同樣，公共政策的終結也必須按照法定程序來辦理。在依法行政呼聲高漲的今天，這是一種好現象。然而就像硬幣有兩面，它也有消極影響。法定程序要求按步驟進行而不能隨意更改或省略步驟，而且操作起來往往十分複雜，有時還會延誤公共政策終結的時機。在一項公共政策終結的時機成熟時，由於法律程序的嚴重滯後往往會延誤終結的最佳時機。特別是一些已經法律化了的公共政策，要使其終結更為困難。另外，如果要終結失誤的政策，在進行終結時，就要將公共政策的失誤通過立法機關予以曝光，但這有可能會使人們對立法活動本身的科學性、有效性產生懷疑。在這種情況下，立法機關在考慮終結某項政策時，往往會顧慮重重，難以決定。由此可見，法律上的障礙，也是影響公共政策終結的一個重要因素，許多公共政策的終結尤其是法律化政策的終結經常受阻於法律的滯後性。

5.2.1.6 公共輿論的壓力

公共輿論確定了公共政策的基本範圍和方向。在當代社會，隨著信息技術和新聞傳播的發展，公共輿論借助於新聞傳播媒介可以滲入到社會的方方面面，形成廣泛的社會影響和巨大的社會衝擊力。因此，在西方國家，公共輿論被認為是與立法、司法、行政並立的第四種權力。如果某一項需要終結的公共政策受到公共輿論的支持，行政機關無疑會受到極強的阻力。

5.2.1.7 公共政策終結的成本與代價

公共政策終結的高昂代價也是其面臨的阻礙之一。任何公共政策的制定和執行，都會有一定的資源投入，如果終結公共政策，則會使這些投入落空。公共政策終結的代價表現在現有公共政策的沉澱成本和終結行為本身要付出的代價。現行的公共政策或組織機構已經投入了巨額成本但沒有得到回報，公共政策決策者面對投入的沉澱成本，往往處於進退兩難的境地。一方面，公共政策已經被證明是無效的或失效的，繼續追加投資只會造成更多的損失。另一方面，如不繼續投入，已投入的巨額資金將會由於公共政策的終結而徹底落空。就一般情況而言，現行公共政策已經投入的成本越高，決策者越難下定終結公共政策的決心。同時，公共政策終結本身也需要付出高昂的代價，不僅要籌措公共政策終結所需要的各項費用，以制定和執行新的政策，組建新的機構，而且為了照顧各方面的利益與關係，有時還要對有關單位和個人進行補償。在這些高昂代價的重壓下，公共政策終結面臨著巨大的阻力。

總的來說，政策終結的障礙可以歸納為兩類：一類是不可避免的障礙，即邏輯上的障礙，包括人們害怕變革的心理、沉澱成本的存在、政策受益者的心理抵抗、機構的持久性、政策終結本身的成本和法律上的障礙等；另一類是政治上的障礙，即非邏輯上的障礙，包括政府決策者責任的缺失、利益集團的聯合、輿論被操縱等。這種障礙事實上存在，但是可以通過提高行政人員素質和責任感，加強立法和監督的努力來減弱其阻力。

5.2.2 公共政策終結的助推力

一般來說，我們認為，政策終結的助推力主要來自政策本身的缺陷，已經過時的、多餘的或者效果極差的政策本身就為政策終結提供了理由。但是，我們發現，僅僅擁有這個前提，還不足以發起一場政策終結，政策終結還需要一些外在的推動力。而且，這些推動力對於政策終結的發起非常重要，沒有它們，一項多餘的政策也可能被忽視多年而不終結。那麼，接下來，我們將深入探討幾種常見的政策終結助推力機制。

5.2.2.1 政策終結的觸發機制

現實中，過時的、多餘的、無效的政策長期充斥於社會，引發大量的社會問題，這些問題雖然已經是日常生活中需要政府解決的困難，但是，政府未必會引起足夠的重視，公共反應也是消極的。這時，社會上某個事件的發生改變了這種局面，這個事件扮演了政策問題的感知和政策終結的行動之間的連接點的角色，這個事件讓社會足夠多的人認識到當前政策的不足，甚至引發了公眾以擔心或者憤怒的形式關注，社會上便有了強烈的變革要求，政策決策者們就會對這些政策引起足夠的重視，就會考慮是否要廢除過時的、無效的政策，還是部分修改，或者制定一項全新的政策來取代舊的政策。於是，這個事件便成為了這項政策終結的觸發機制。

政策終結的觸發機制受到三個相互作用的因素的影響：範圍、強度和觸發時間。範圍是指一個重要事件影響到的公眾的數量，強度是指一個事件對公眾刺激的程度。一個事件受到的關注越廣泛，對公眾的刺激越強烈，就越可能促進政策的終結。觸發時間是指某事件發生時，政策終結的條件是否都已經成熟，如資金條件、執政理念等。只有當這三個因素共同作用於事件本身，才可能形成觸發機制。即，當在一個恰當的時間內，如果一個事件引起公眾的普遍關注和公眾對變革的強烈要求，那麼它就被認為是一種觸發機制。政府決策者如果能敏銳地抓住這一觸發事件帶來的契機，政策終結就能一蹴而就。

5.2.2.2 政策評估的助推力

政策評估既是政策終結的依據和前提，同時也是政策終結的驅動力之一。科學的政策評估能夠有效地檢驗公共政策在實際運作過程中出現的問題，評估結果可以作為決定政策是否繼續、調整或重新制定的重要依據。當通過評估結果發現，有些公共政策所針對解決的矛盾已經化解或者因環境變化政策已經變得不合時宜，類似的評估結果就為政策的終結提供了強大的助推力。

作為政策終結助推力的政策評估，應該注意兩個問題：一是政策評估既可以是政府行為，也可以由非政府的第三方組織做出。隨著社會的進步發展，要更加注重發揮第三方評估機構的評估作用，促進政策評估主體的多元化，以保證政策評估的公正、客觀。二是評估結果應該公開。經常出現的情況是，政策評估結果僅在政府內部使用，致使評估結果不能起到應用的反饋、溝通作用。實際上，評估結果的公開不僅是政府民主化、透明化的象徵之一，而且可以有效提升公眾對政策的客觀認知。決策者在政策終結過程中如果能及時地公開政策評估結果，將有利於爭取社會大眾的支持，形成政策終結的助推力。

5.2.2.3 公共輿論的號召力

由於公共輿論的獨立性及其在政治社會生活中的重要地位，在西方國家，它被認為是第四種權力。托馬斯・戴伊認為公共輿論是新政策制定和舊政策終結的必要條件；詹姆斯・D. 安德森認為公共輿論確定了公共政策的基本範圍和方向。公共輿論扮演著「雙刃劍」的角色，它既可以阻礙公共政策的終結，也可以加快政策的終結。當公共輿論對政策終結持積極態度時，政策終結就顯得比較容易；相反，當公共輿論對政策終結持消極態度時，就會阻礙公共政策的終結。

5.2.2.4 領導者的領導力

政治領導者的領導力是領導者知識、智慧、意志和決斷力等內在素質的外在綜合表現。政治領導者的人數雖然少，但他們的能量巨大，往往對於全社會甚至對於一個時代的世界格局發生重大影響。在公共政策方面，他們的影響也是舉足輕重的，可以說直接影響，有時甚至決定政策的制定、執行、評估和終結全過程。政治領導者的領導力越強，意味著其對形勢的判斷能力、對新事物新情況的分析能力以及創新能力越強，因而也就越能促成過時的、無效的政策的終結。英明的政治領導者會傾聽來自專家學者、普通民眾等各方面的呼聲，並且能夠敏銳地察覺到過時無效的政策所帶來的弊端和危害。因此，他們會向政策制定者施加強大壓力，從而促使政策制定者不得不去真正評估那些有問題的政策，而且把那些過時無效的政策及時地予以終結，同時，也將那些過時無效的、不必要的組織機構予以撤銷。領導者在政策終結上的作用是無人可替代的，而政治領導者的這種作用歸根於其自身的領導力，因此，政治領導者的領導力是引致政策終結的一個重要推動力。

總的來說，政策終結的助推力遠不止以上四個方面。不容置疑的是，政策終結必須要有效地利用外部動力，決策者需要在公開政策評估結果的基礎上，選擇恰當有利的時機，爭取社會廣泛的支持，並且要以超凡的魄力來完成政策終結。

5.2.3 公共政策終結的策略

公共政策終結面臨著諸多困難和障礙，實際上，只要是公共政策所涉及的方方面面，都有可能成為公共政策終結的阻礙。因此，要終結一項公共政策，必須要採取一定的策略，使得公共政策的終結活動能夠順利進行。這也就要求決策者運用高度的智慧和技巧，採取靈活的策略，加以妥善處理。否則，不僅達不到政策終結的目的，還會適得其反，引起政治危機和矛盾。從中國公共政策終結的實際出發，結合國內外學者的觀點，我們認為公共政策終結的策略有以下幾種：

5.2.3.1 重視說理工作，消除抵觸情緒

為確保公共政策終結的順利進行，公共政策決策者首先應該做好說理工作，消除人們的抵觸情緒，提高人們的思想認識。應該通過有效的說理工作，讓公眾明白：公共政策終結並不是某些機構或個人前途的喪失，而是改變劣境、尋求發展、邁向成功的新機會。及時終結那些有害的、無效的、過時的政策，既可以防止出現新的政策問題，也可以充分利用有限的政策資源，以獲得更多的更好的政策績效，從根本上說，是於國於民都有利的事情。只要人們能夠認識到公共政策終結的積極意義，就能減少來自公共政策對象的阻力，促進公共政策終結順利進行。但是，總的來說，由於對消除人們抵觸情緒的說理工作重視不足，從以往公共政策終結的實踐上看，公共政策終結者雖然不同程度地注意到要進行道理解釋說服，但還遠遠不夠。

5.2.3.2 公開評估結果，爭取支持力量

決定公共政策終結成敗的關鍵是公共政策終結支持者的態度以及人數的多少。公共政策終結的倡導者必須努力爭取各種支持力量，以推動公共政策終結的實現。那麼，如何爭取支持者呢？適時地公開公共政策評估結果，是積極爭取潛在支持者的最好方法。通過公共政策評估的結果，可以揭露某項公共政策的有害、過時、無效或低效，讓人們瞭解繼續執行該公共政策將會對社會造成的危害和損失，那就能夠轉變人們對公共政策終結的態度，從反對終結到理解或支持終結活動。公共政策終結者還可以利

用政策評估的結果，提出終結該政策的理論依據，指出因環境的變化和其他條件的變動，原有的公共政策已經不適應新環境的需要，從而引導公眾更新觀念，改變對舊政策終結的態度，以爭取到更多的支持者。公開評估結果，爭取公共政策終結的支持者是一項有效的辦法，但公共政策評估本身存在的困難和影響公共政策有效評估的諸多因素的存在，使得人們往往對評估結果有所懷疑。因此，公共政策終結者在採用這種辦法時，必須保證評估結果經得起實踐的檢驗。

5.2.3.3 廢舊立新並舉，緩和終結壓力

政策終結意味著打破原有的利益分配格局，總要一些人或團體的利益受損，他們便成為了政策終結的反對者。但如果我們能同時構建新的利益分配格局，出抬一個新政策，就能夠大大減少政策終結的阻力。因為新政策的出抬不僅可以使人們在喪失對舊政策期望值的同時得到一個新希望，而且還可以使更多的人或團體受益，這些受益者能成為政策終結的推動力量。公共政策終結總是會使一部分人或團體的利益受到損害，因此，這些組織或個人一般都不願意看到公共政策的終結。然而，人們很少會立刻反對一個新的、更好的公共政策的出抬。所以，為了緩和公共政策終結的壓力，可以採用新公共政策的出抬與舊政策終結並舉的辦法，及時地採用新政策替代舊政策，使人們在喪失對舊政策的期望的同時得到一個新希望。這種做法往往可以大大減少關於公共政策終結的爭議和阻力，削弱反對者的力量。不過，採用這種辦法對於具體操作部門的要求較高，因為終結舊政策和落實新政策兩方面的工作同時進行，工作量很大，安排不當就會顧此失彼，既浪費大量的人力、物力、財力，又會影響新政策的執行和舊政策的終結進程。

5.2.3.4 有選擇地傳播試探性信息，減輕公共輿論給公共政策終結造成的阻力

所謂傳播試探性信息，就是政府在正式宣布終結某項公共政策之前，在一些非正式場合，流露出進行終結的信息，以測定公共輿論對這一行動所持的態度。對於在政策終結之前，是否要傳播試探性信息，還有著不同的看法，因為試探具有雙重效果。從正面看，試探性信息有助於引起公眾的廣泛討論，從而認清公共政策終結的必要性，減輕公共輿論帶來的壓力。從反面看，由於這種試探性的方法所透露的信息往往不夠全面，通過的又是非官方渠道傳播，容易造成失真，從而使人們誤解公共政策終結者的意圖，對終結做出錯誤的反應，同時，還可能為反對力量的結盟提供時間。因此，公共政策決策者必須根據公共政策終結的不同內容，有選擇地在不同場合運用這一方法。否則，會造成相反的結果。

5.3 公共政策週期

公共政策本身是一個運動過程，一方面，從某項特定的政策來看，總會經歷一個從制定、執行、評估到終結的過程；另一方面，從整個公共政策系統來看，舊的公共政策逐漸終結，新的公共政策不斷產生，形成公共政策循環往復、生生不息的週期現

象。公共政策週期的研究，將有助於防止公共政策僵化，促進新的、充滿活力的公共政策的產生。

5.3.1 公共政策週期的內涵

週期是指事物在運動、變化的過程中，某些特徵多次重複出現，其連續兩次出現所經過的時間。公共政策作為一個連續不斷的運動發展過程，當然也有週期。公共政策的週期指的是政策的主體與客體以及作為它們之間互動結果的政策過程所經歷的一個循環。政策週期能夠揭示政策發展的一般規律，瞭解政策週期能便於我們總結政策執行經驗，更好地把握政策發展的趨勢。

公共政策週期由於涉及的範圍不同，可以分為兩種類型。

一種是單項政策的執行週期。它指的是每一項政策都要經歷從政策制定到政策終結的全過程，從政策制定開始，經過執行階段、評估階段，到政策終結，就走完了一個週期。舊政策的貫徹，解決或改變了舊問題，卻又會產生新的問題。同一個社會生活領域中的舊問題與新問題並不是毫無關聯的，新問題是從舊問題中延伸出來的，因此，解決新問題的新政策與舊政策就存在聯繫。新舊公共政策在形式上的連續性表現為，舊政策的終結也就是新政策的開端。從舊政策過程的某個具體階段到新政策的對應階段，就構成了政策的週期循環。這種政策週期循環的鏈條有許多種：從舊政策的制定階段到新政策的制定階段，從舊政策的執行階段到新政策的執行階段，從舊政策的評估階段到新政策的評估階段。

另一種是階段性政策週期。它指的是伴隨著經濟發展週期或者伴隨著執政理念轉換而出現的可以明顯劃分出階段的政策週期。公共政策通常和經濟發展以及國家政治的變化相聯繫，這是由於經濟的發展通常帶有週期性特徵，國家的執政理念也可能隨著政黨的輪換或社會的發展而產生變化，當這兩者中的一項發生變化時，整個政策如社會政策、文教衛政策、科技政策等也會發生變化。

5.3.2 公共政策週期的內容

在這裡，公共政策週期的內容劃分主要是針對單項政策週期的過程進行劃分。國內外學者對此也是眾說紛紜。結合中國公共政策的具體實踐，我們認為，一個完整的政策週期應該包括：制定、執行、評估、監測、終結這五個階段。政策制定是核心，包括了問題的認定和政策的發展；政策執行是關鍵，包括了資源的整合和人力的有效運用；政策評估是對政策方案合理性的最權威檢驗；政策監控能夠及時發現並糾正政策偏差，是政策過程必不可少的環節，貫穿於政策過程的始終；政策終結則意味著一個舊週期的結束和一個新週期的開始。

不同政策週期的時間長度不一樣。這種決定時間長度的因素很複雜，但主要和政策目標的大小遠近、環境變化以及實施的難易有關。一般來說，政策的目標越大越長遠，環境情況變化越複雜，實施難度越大，政策的週期越長；反之，則越短。政策週期的長短還與具體政策的情況有關，一項錯誤的政策，人們自然希望它的週期短一些，盡快結束；一項實踐檢驗為正確的政策，人們可能也希望它的週期短一些，盡快用法律的形式固定下來，以便具有較強的穩定性，如中國的改革開放政策。

5.3.3 公共政策週期的意義

公共政策週期理論揭示了政策發展的一般規律，有利於指導政策過程，保持政策系統科學性與客觀性。

首先，政策週期理論有利於提高政策制定的科學性。通過政策週期階段化的研究，可以優化政策制定系統，促進政策決策的科學化，減少政策制定的失誤，確保政策發揮應有的作用。它有助於我們通過對以往政策週期的研究，吸取經驗教訓，克服政策制定上的缺陷，確立政策制定的科學化和程序化，促進中國特色的政策制定體系的建立。

其次，政策週期理論研究能鞏固和發展現行政策，保持政策的連續性和穩定性。一方面，通過對政策週期的研究，政策制定者可以瞭解政策是否實現了預期的目標，政策執行是否出現了偏差，以及隨著條件的變化，是否需要進行追蹤政策等。另一方面，政策制定者可以依據對政策週期進行研究所得出的結論，做出是堅持原政策、修改原政策，還是終結原政策、制定新政策的決定。另外，通過對政策週期研究，政策制定者可以根據原政策成功或失敗的經驗教訓，使建立在原政策基礎上的新政策在新一輪政策週期中揚長避短，提高政策的效率。政策的連續性和穩定性是由政策本身的嚴肅性決定的，是經濟發展、社會進步的要求。像中國政策領域中出現的諸如各項政策之間缺乏連貫和銜接等問題，通過對政策週期的研究和分析，都是可以避免的。

最後，公共政策週期理論研究有助於推動改革開放，促進市場經濟和社會經濟發展。當前，中國正處於經濟體制、政治體制的全面改革中，改革給我們帶來了生機和希望，改革也帶來了新問題和新挑戰。通過對各項政策週期及其互動關係的研究，制定出一整套相互匹配的改革方案，以在新體制內部形成相互制衡的機制，可以推動改革開放事業向前發展。同時，市場的發育和完善，離不開科學的、合理的政策的推進。隨著社會主義市場經濟的逐步發展和改革的深入，哪些政策要淘汰，哪些政策要完善，哪些政策要制定，這些都離不開對政策週期的研究。如果理論研究跟不上，不能及時地回答政策領域中突出的新問題，經濟發展就不能順利進行。

國家圖書館出版品預行編目(CIP)資料

公共政策分析/ 成立 主編.-- 第一版.
-- 臺北市 : 崧博出版 : 財經錢線文化發行, 2018.10

面 ; 公分

ISBN 978-957-735-524-9(平裝)

1.公共政策

572.9　　107016201

書　名：公共政策分析

作　者：成立 主編

發行人：黃振庭

出版者：崧博出版事業有限公司

發行者：財經錢線文化事業有限公司

E-mail：sonbookservice@gmail.com

粉絲頁　　網　址：

地　址：台北市中正區延平南路六十一號五樓一室

8F.-815, No.61, Sec. 1, Chongqing S. Rd., Zhongzheng Dist., Taipei City 100, Taiwan (R.O.C.)

電　話：(02)2370-3310 傳　真：(02) 2370-3210

總經銷：紅螞蟻圖書有限公司

地　址：台北市內湖區舊宗路二段 121 巷 19 號

電　話:02-2795-3656　傳真:02-2795-4100　網址：

印　刷　：京峯彩色印刷有限公司（京峰數位）

本書版權為西南財經大學出版社所有授權崧博出版事業有限公司獨家發行電子書及繁體書繁體版。若有其他相關權利及授權需求請與本公司聯繫。

定價：200元

發行日期：2018 年 10 月第一版

◎ 本書以POD印製發行